本书受到山东省社科规划重大委托项目：金融创新产品质量评价体系研究（14AWTJ01-11）、山东省社科规划研究一般项目：互联网金融产品质量评价与提升策略研究（15CGLJ31）资助

金融创新产品质量评价体系研究

姜道奎　于　涛　著

中国财经出版传媒集团
中国财政经济出版社

图书在版编目（CIP）数据

金融创新产品质量评价体系研究／姜道奎，于涛著．—北京：中国财政经济出版社，2017.10

ISBN 978－7－5095－7703－5

Ⅰ．①金… Ⅱ．①姜… ②于… Ⅲ．①金融产品－金融改革－产品质量－评价－体系－研究－山东 Ⅳ．①F832.752

中国版本图书馆 CIP 数据核字（2017）第 206990 号

责任编辑：段　钢　　　　　　责任印制：杨　军
封面设计：孙俪铭　　　　　　责任校对：胡永立

中国财政经济出版社 出版

URL：http：//www.cfeph.cn

E－mail：cfeph@cfeph.cn

（版权所有　翻印必究）

社址：北京市海淀区阜成路甲 28 号　邮政编码：100142
营销中心电话：88190406　北京财经书店电话：64033436　84041336
北京京华虎彩印刷有限公司印刷　各地新华书店经销
710×1000　毫米　16 开　10.5 印张　200 000 字
2017 年 9 月第 1 版　2017 年 9 月北京第 1 次印刷
定价：58.00 元
ISBN 978－7－5095－7703－5
（图书出现印装问题，本社负责调换）
本社质量投诉电话：010－88190744

打击盗版举报热线：010－88190492、QQ：634579818

前　　言

改革开放尤其是进入 21 世纪以来，随着信息技术如移动支付、社交网络、大数据、云计算的飞速发展，我国金融创新在实践中进行了大量有益的尝试和探索，并取得了一定的成绩。然而，金融创新在极大地推动经济发展的同时，也伴随着极大的风险性。2008 年，美国次贷危机演变成世界经济危机很好地说明了金融创新监管的重要性。因此，对金融创新产品及其质量影响因素进行识别、把握金融机构产品创新的机制、建立有效的创新产品质量评价体系，成为金融机构创新过程中亟待解决的问题。

从金融创新及质量管理的相关理论与文献研究入手，从银行业、保险、证券及其他四个方面对金融创新产品的内涵与质量进行了分析，基于过程视角对金融创新产品质量内涵进行了界定；从主体、关系及结果三个方面分析了金融机构创新的机制问题；从宏观和微观两个角度对影响金融创新产品质量的十三个方面的因素进行了分析，并利用 DEMATEL 模型以及解释结构模型对影响因素逻辑关系进行了研究；利用博弈论三个角度分析了政府监管、投资者与金融机构创新之间的关系；从全面质量管理角度，基于状态空间法结合 SERVQUAL 思想建立了金融创新产品质量评价指标体系，并以组合赋权法对指标体系的权重进行赋值，以银行理财产品验证了指标体系的信度和拟合度；在实证分析的基础上，从政府和企业两个角度提出了改善金融创新产品质量的管理措施。

本研究的结论有以下四点：

（1）金融创新是金融机构的研发设计管理人员在高层管理者的支

持与领导下，在市场研究的基础上基于用户需要的某些特征对金融产品做的创造性活动。金融机构的产品创新流程包括环境分析与评估、产品计划、产品设计与开发、市场试点与产品修改、市场实施、产品评价与优化等六个环节。

（2）社会经济状况、企业战略与产品定位及社会信用环境是影响金融创新产品质量的直接因素。金融产品质量是顾客对产品质量的感知与顾客期望之间的差异，受到顾客特征、产品质量特征及产品质量环境三个方面的影响，而产品质量的结果涉及顾客满意、顾客重复购买意向以及其他口碑等效应。构建较为完善的金融创新产品质量影响因素体系，是分析金融创新产品质量的前提和基础。影响金融创新产品质量的因素很多、机制复杂，从多个层次分析影响因素及其关系，从而提出有效的管理措施具有重要意义。

（3）从金融机构、监管部门和投资者三者角度出发，对三者博弈关系进行理论研究，并构建互联网理财产品质量监管三方博弈模型。通过求解精炼贝叶斯纳什均衡，揭示在信息不对称情况下，金融机构、监管部门和投资者的相互影响关系。最终，结合博弈模型的结果为金融机构、监管部门和投资者提出建议，以提高我国互联网理财产品的质量。

（4）金融创新产品质量就是个适性质量、内适性质量和外适性质量的函数，即金融创新产品质量利益相关方对个适性质量、内适性质量和外适性质量的感知质量与期望之间的差异水平。把反映产品使用目的的各种技术经济参数作为质量特性，主要分为个适性质量、内适性质量和外适性质量三个方面。依据对金融创新产品质量的分析，研究建立金融创新产品质量评价指标体系。指标体系的权重运用基于方差最大化的组合赋权法进行属性权重确定，数据表明指标体系具有良好的信度与拟合度。

作　者
2017年6月

目　　录

第1章　导　论 ………………………………………………… 1

　1.1　研究背景与意义 ……………………………………………… 1

　1.2　研究目的与内容 ……………………………………………… 7

　1.3　研究方法与框架 ……………………………………………… 9

第2章　文献综述 ………………………………………………… 12

　2.1　金融机构创新的动因分析 …………………………………… 12

　2.2　金融创新及影响因素研究 …………………………………… 15

　2.3　金融产品质量及评价研究 …………………………………… 19

　2.4　相关研究评价 ………………………………………………… 21

第3章　金融创新产品及其质量 ………………………………… 23

　3.1　金融创新产品 ………………………………………………… 23

　3.2　金融创新产品质量 …………………………………………… 35

　3.3　金融产品创新存在问题 ……………………………………… 37

第4章　金融机构产品创新的机制 ……………………………… 41

　4.1　金融机构产品创新的主体 …………………………………… 41

　4.2　金融机构产品创新的过程 …………………………………… 43

　4.3　金融机构产品创新的形式 …………………………………… 48

第5章　金融创新产品质量影响因素分析 ……………………… 53

　5.1　金融创新产品质量内涵 ……………………………………… 54

5.2　金融创新产品质量影响因素层次结构 …………………………… 55
　　5.3　基于DEMATEL的金融创新产品质量影响因素分析 …………… 57
　　5.4　基于解释结构模型的金融创新产品质量影响因素分析 ………… 62

第6章　金融机构、政府、投资者三方博弈分析 …………………………… 72
　　6.1　基本假设 ……………………………………………………………… 72
　　6.2　模型构建 ……………………………………………………………… 73
　　6.3　模型分析 ……………………………………………………………… 76

第7章　基于SERVQUAL的金融创新产品质量评价 ……………………… 82
　　7.1　金融创新产品质量评价维度 ………………………………………… 83
　　7.2　金融创新产品质量评价指标体系 …………………………………… 86
　　7.3　金融创新产品质量评价指标体系权重 ……………………………… 95
　　7.4　指标体系的科学性检验 ……………………………………………… 110
　　7.5　金融创新产品质量分析 ……………………………………………… 113

第8章　金融创新产品质量提升策略 ………………………………………… 117
　　8.1　政府层面 ……………………………………………………………… 117
　　8.2　企业层面 ……………………………………………………………… 121

第9章　研究结论 ……………………………………………………………… 130
　　9.1　研究结论 ……………………………………………………………… 130
　　9.2　研究创新 ……………………………………………………………… 132
　　9.3　研究展望 ……………………………………………………………… 134

附录1　调研提纲 ………………………………………………………………… 135
附录2　调查问卷一 ……………………………………………………………… 136
附录3　调查问卷二 ……………………………………………………………… 138
附录4　调查问卷三 ……………………………………………………………… 142
参考文献 ………………………………………………………………………… 144
译名对照表 ……………………………………………………………………… 156
后　　记 ………………………………………………………………………… 160

第1章 导 论

1.1 研究背景与意义

1.1.1 研究背景

1. 金融创新在我国深化改革的背景下方兴未艾

2013年2月,国务院办公厅发布《国务院批转发展改革委等部门关于深化收入分配制度改革若干意见》的通知,《意见》提出改革完善房地产税等。完善房产保有、交易等环节税收制度,逐步扩大个人住房房产税改革试点范围,细化住房交易差别化税收政策,加强存量房交易税收征管。扩大资源税征收范围,提高资源税税负水平。合理调整部分消费税的税目和税率,将部分高档娱乐消费和高档奢侈消费品纳入征收范围,研究在适当时期开征遗产税问题。

2013年11月12日,中国共产党第十八届中央委员会第三次全体会议通过《中共中央关于全面深化改革若干重大问题的决定》,《决定》指出:(1)完善金融市场体系。建立存款保险制度,完善金融机构市场化退出机制。加强金融基础设施建设,保障金融市场安全高效运行和整体稳定。(2)健全宏观调控体系。加快建立国家统一的经济核算制度,编制全国和地方资产负债表,建立全社会房产、信用等基础数据统一平台,推进部门信息共享。(3)完善税收制度。加快房地产税立法并适时推进改革,加快资源税改革,推动环境保护费改税。按照统一税制、公平税负、促进公平竞争的原则,加强对税收优惠特别是区域税收优惠政策的规范管理。

2014年8月,国务院发布《关于加快发展现代保险服务业的若干意见》。《意见》指出,保险是现代经济的重要产业和风险管理的基本手段,是社会文明水平、经济发达程度、社会治理能力的重要标志。加快发展现代保险服务业，对完善现代金融体系、带动扩大社会就业、促进经济提质增效升级、创新社会治理方式、保障社会稳定运行、提升社会安全感、提高人民群众生活质量具有重要意义。充分发挥保险资金长期投资的独特优势，在保证安全性、收益性前提下，创新保险资金运用方式，提高保险资金配置效率。鼓励保险资金利用债权投资计划、股权投资计划等方式，支持重大基础设施、棚户区改造、城镇化建设等民生工程和国家重大工程。鼓励保险公司通过投资企业股权、债权、基金、资产支持计划等多种形式，在合理管控风险的前提下，为科技型企业、小微企业、战略性新兴产业等发展提供资金支持。研究制定保险资金投资创业投资基金相关政策，促进保险市场与货币市场、资本市场协调发展。进一步发挥保险公司的机构投资者作用，为股票市场和债券市场长期稳定发展提供有力支持。鼓励设立不动产、基础设施、养老等专业保险资产管理机构，允许专业保险资产管理机构设立夹层基金、并购基金、不动产基金等私募基金。稳步推进保险公司设立基金管理公司试点。探索保险机构投资、发起资产证券化产品。探索发展债券信用保险，积极培育另类投资市场。

2014年10月29日，国务院第67次常务会议通过《存款保险条例》，自2015年5月1日起施行，《条例》规定，被保险存款包括投保机构吸收的人民币存款和外币存款。金融机构同业存款、投保机构的高级管理人员在本投保机构的存款以及存款保险基金管理机构规定不予保险的其他存款除外。存款保险实行限额偿付，最高偿付限额为人民币50万元。中国人民银行会同国务院有关部门可以根据经济发展、存款结构变化、金融风险状况等因素调整最高偿付限额，报国务院批准后公布执行。

通过以上政策，最终实现金融改革、税制改革，完成收入分配改革的目标，突破"中等收入陷阱"，迈出中等收入发达国家。而金融改革、税制改革都与金融产品创新及产品质量问题息息相关。

2. 金融创新产品质量是金融业发展的必要保证

2012年9月，国务院批准了由中国人民银行、中国银行业监督管理委员会、中国证券监督管理委员会、中国保险监督管理委员会、国家外汇管理局共同编制的《金融业发展和改革"十二五"规划》（以下简称《规划》）。

《规划》提出，"十二五"时期我国金融业发展和改革的主要目标是：金融服务业保持平稳较快增长，社会融资规模适度增长。金融结构调整取得明显进展,直接融资占社会融资规模比重显著提高。市场在金融资源配置中的基础性作用进一步增强,利率市场化改革取得明显进展,人民币汇率形成机制进一步完善,人民币资本项目可兑换逐步实现,多层次金融市场体系进一步完善。金融机构改革进一步深化,大型金融机构现代企业制度逐步完善,创新发展能力和风险管理水平明显提升,金融机构国际竞争力进一步增强。金融服务基本实现全覆盖,坚持金融服务实体经济的本质要求,支持科技创新和经济结构调整的力度进一步加大。金融风险总体可控,金融机构风险管理能力持续提升,系统性金融风险防范预警体系、评估体系和处置机制进一步健全,存款保险制度等金融安全网制度基本建立。

《规划》指出,充分发挥市场在金融资源配置中的基础性作用,按照条件成熟程度,通过放开替代性金融产品价格等途径,有序推进利率市场化。着力提升金融机构全面风险管理能力,不断提升金融监管有效性。建立和完善银行体系与资本市场之间的"防火墙",防止风险跨业传染。规范系统重要性金融机构行为,避免因过度发展造成"大而不能倒"的问题。进一步加强和改善金融机构信息披露制度,提高信息披露质量。深化监管合作,完善监管协调机制,抑制监管套利行为,持续改进监管工具和方法,进一步提升监管有效性,接受公众监督。随着金融自由化、金融全球化的发展,金融机构之间的竞争越来越激烈,如何在激烈的竞争中求得生存和发展,不断地进行金融产品创新对金融机构来说是关键因素之一。

3. 世界经济危机给金融创新产品质量提出了警示

2007~2009年全球经济危机是在2007年8月9日开始浮现的金融危机。自次级房屋信贷危机爆发后,投资者开始对按揭证券的价值失去信心,引发流动性危机。即使多国中央银行多次向金融市场注入巨额资金,也无法阻止这场金融危机的爆发。直到2008年9月9日,这场金融危机开始失控,并导致多家相当大型的金融机构倒闭或被政府接管。这次经济危机爆发的原因,主要是金融机构放任没有信用的房屋信贷产品无限制的放大杠杆化效应,最终导致崩溃。世界经济危机留给理论界和实践界的影响是深远的。创新使得产品和工艺在某种程度上使世界变得更美好。而创新必须要遵守事物发展规律,尊重"金融杠杆必须建立在信用基础上"的原理。在全球金融危机之前,主流经济学认为,市场具有自我修正的特性和最优分配社会资源的机制。金融危机后,这种信念产生了深远的影响,即如何监管金融市场和机构变得尤其重要,金融创新更要注重产品质量

(Awrey, 2013)。

4. 深化金融改革凸显金融与监管的重要意义

防止发生系统性金融风险是金融工作的永恒主题。金融综合经营和产融结合，是近年来金融业和产业在实践中不断尝试的发展路径。20世纪90年代，我国逐步确立了金融业分业经营、分业监管体制，进入到21世纪，随着经济金融发展和对外开放程度不断提高，金融业综合经营的要求和动力日益增强。"十二五"以来，金融业综合经营试点继续稳步推进，对优化金融机构业务结构，提高持续经营能力发挥了一定的积极作用。同样的，我国产业投资金融在经历了起步、治理以及曲折发展几个阶段后，伴随着资本市场的蓬勃发展，又掀起了新的热潮。众多不同性质的企业集团都已经在整体战略的布局下，根据自身的特点采取不同的方式，积极发展金融业务。尤其是国有大型多元化集团在这方面率先布局，并由此壮大了自身的实力。

虽然金融业发展迅猛，吸引众多产业资本涉足，但同发达经济体相比，我国金融业综合经营水平仍处于初级阶段，产融结合的规模、形式也与发达经济体存在差异，同时，由于金融监管模式割裂，产业资本与金融资本归口管理也不同，使得业务管理和协同能力短板凸显，整体风险管控水平也有待提高。在金融和科技高速发展与经济结构转型升级的综合背景下，金融及其工具的综合运用更加频繁，金融和产业融合紧密度也将不断提升。因而，这一方面有助于提升效率，促进经济结构转型升级目标的实现；另一方面，由于过度强调效率效益而规避监管，或由于交叉监管的存在很容易造成监管盲区，从而形成金融风险隐患。同时，这种局面也进一步对金融监管改革提出更高要求。

全国金融工作会议强调，要坚定深化金融改革。这一方面是对金融企业自身改革提出要求，健全现代金融企业制度，完善公司法人治理结构，优化股权结构，建立有效的激励约束机制，强化风险内控机制建设，加强外部市场约束；另一方面也是对金融监管改革的要求，要加强金融监管协调、补齐监管短板，创新和完善金融调控，完善金融市场体系，推进构建现代金融监管框架，加快转变金融发展方式，健全金融法治，保障国家金融安全，促进经济和金融良性循环、健康发展。这阐明了金融企业经营、产融结合以及金融监管活动，时刻都应以服务实体经济为核心，要以保障国家金融安全为根本，在监管改革协同发展的前提下，规范自身行为，守牢风险底线，多方合力，以优质高效的金融服务推动中国经济稳中求进，迈向中高端水平。

5. 金融创新产品质量实践中存在各种各样的问题

按照熊彼特对创新的界定，金融创新产品是指由于国际金融环境的变化和金融行业竞争的加剧，金融机构为提高自身产品竞争力、追求利润最大化等因素，运用电子计算机、系统工程等科技创新技术和现代数学、博弈论等专业知识，通过环境分析、产品计划、产品开发、试点与修改、市场实施、产品后评价等开发金融产品的过程。麦肯锡公司的一份调查显示：中国的银行提供的产品和利率基本雷同，造成关键客户的大量流失。我国金融行业普遍存在金融产品收入低下、产品结构失衡、客户满意水平低等有关产品质量的问题，面临着较大的经营管理风险。在这种情况下，亟须对金融行业创新产品进行质量评价，从而为金融监管机构找到有效的管理对策。

在金融创新方面的研究主要是定性地分析金融创新的原因，集中于对金融创新理论的总结，用金融创新理论分析金融创新对我国金融市场、金融中介机构的影响。相关研究对金融业尤其是银行业研究较多，而对有关银行业、证券、保险创新产品及质量问题，尤其是金融创新产品质量评价问题，理论中没有科学的指标体系，实践中缺少针对性、规范化的策略建议。对金融产品创新的影响因素进行结构化合理分析、对金融机构产品创新的机制进行梳理、对金融创新产品的质量进行评价，最终提出金融创新产品质量提升的管理策略，相关实证和理论研究还比较鲜见。

本研究基于以上现实和理论的背景，对金融创新产品及质量进行科学研究，包括对银行业、证券、保险及其他金融机构所推出的创新产品，通过结合全面质量管理理论，设计科学的指标体系，通过调查搜集数据验证指标体系的科学性，最终提出针对性的管理建议，促进我国金融创新产品质量的改进，同时促进我国金融改革，最终推动收入分配改革。

1.1.2 研究意义

1. 理论意义

金融产品创新是金融发展的关键和核心，是使有限的金融资源实现优化配置的必要手段。产品是金融业发展的基本要素，是金融服务于经济社会和人民生活的最终体现，只有通过不断的产品创新，金融的服务功能才能得到更好的发挥。金融产品创新不是简单的产品开发，而是一个系统工程，要考虑宏观经济环境、资本市场和货币市场的变动、市场需求分析、公司成本利润分析、产品开发系统的建设、法律合规及条款设计等多方面因素。可以说，每一个金融产品的创新都包含着商业因素和社会因素的综合考虑，尤其是金融产品与金融企业的计算机核心业务系统相结合，从而产生商业价值。金融产品创新符合熊彼特有关创新的概念。研究金融创新产品质量有助于理论和实践对创新的理解，有助于创新理论的发展。

组织创新的动因从经济学、管理学上的解释有所差异，但本质上都是为了企业持续竞争优势的获取。企业的竞争优势必须建立在资源依赖、动态能力的基础上，其中包涵与环境匹配的内容。关于是否存在持续竞争优势、哪些因素促进了组织的竞争优势是值得研究的问题。通过对创新的动因分析，可以理解金融产品创新是必然选择，而对于相关金融创新产品，其质量水平状况是亟待解决的课题。

过程管理，任务在于将输入转化为输出。增值是对过程的期望，为了获得稳定和最大化的增值，组织应当对过程进行策划，建立过程绩效测量指标和过程控制方法，并持续改进和创新。研究金融创新产品质量问题，需要从输入、转化、输出的角度综合分析金融创新产品的质量。因此，建立金融创新产品质量评价指标体系有助于从实践角度理解过程管理的理念。

2. 实践意义

加快金融创新是经济发展的现实需求。金融创新产品快速发展，对于金融市场的发展和市场经济的发展以及微观金融企业的发展都具有积极的促进作用。金融发展与经济增长之间是紧密相关的；金融产品创新促进金融体系更加完善；金融产品创新既是金融体系的基石也是资本市场的新鲜血液；金融产品创新发展对经济增长具有积极的促进意义，对技术进步也具有积极的促进意义；金融创新产品对金融企业扩大市场提高利润具有积极促进作用；流动性满足交易需求的金融创新产品的先行者在市场份额上占有明显的领先优势。加快金融创新，探索新的途径，具有重要的现实意义。

金融创新是将金融领域内部的各种不同要素进行重新组合的创造性变革所创造和引进的新事物，主要包括金融制度创新、金融机构创新、金融市场创新、金融产品创新、金融监管创新等。就我国的金融工作现状而言，金融创新不足、自主弱、管理粗放、投资途径单一、同质化竞争等现象依然存在。金融创新产品质量众多，如产品创新的战略还缺乏科学性和完整性、科技部门与业务需求部门沟通不足使得交付产品与业务需求部门不一致、缺乏规范的产品跟踪和评价体系与产品维护机制产品淘汰推出机制有待建立等。

1.2 研究目的与内容

1.2.1 研究目的

课题的研究目的有以下两个方面：

1. 理清金融机构产品创新的机制，为科学质量评价提供依据

创新是复杂的过程，涉及的要素较多。金融机构产品创新，从创意的提出到最终推向市场，是一个复杂的过程。国内原创性的金融产品较少，出现的问题很多与企业现实有关。通过对有关要素的分析，提出金融创新产品质量的影响因素，为分析创新的机制奠定基础。金融产品创新的过程直接决定了金融创新产品的质量问题。找到金融产品创新的关键影响因素为分析产品质量提供了参考依据。通过分析金融产品创新过程中的关键因素及其影响关系，建立金融产品创新的机制，为建立评价金融产品质量体系提供依据。

2. 建立并评价金融创新产品质量，为改善金融创新产品质量提出建议

在明确金融产品创新机制的基础上，通过专家访谈、问卷调查、数据分析、案例分析等建立评价金融创新产品质量状况的指标体系，并对建立的指标体系进行验证，确定评价指标体系的系统性、科学性及可操作性。本研究首先在于质量管理理论在金融领域的应用和扩展；其次在于金融产品质量管理在现实中的应用，即基于理论研究和实证分析的基础上，提出相应的管理策略，对金融创新产品的质量进行监管。在前文基础上，通过对金融创新产品质量关键影响因素的分析，从主体、过程及结果三个角度梳理金融机构产品创新的机制，基于全面质量管理的理论建立了科学的金融创新产品质量评价体系，通过实证分析验证评价体系的科学性，在此基础上提出有效的管理策略，最终促进金融业科学发展。

1.2.2 研究内容

本课题研究内容有以下六个方面：

1. 金融创新产品及其质量

金融机构推出的创新产品众多，尤其是在网络时代，互联网金融和金融互联交叉发展，创新产品的体现形式更是多种多样。金融创新、金融创新产品、金融创新产品质量都是没有统一的界定的。本书基于时代背景下的金融创新，对金融创新产品质量进行界定和分析，认为金融创新是金融机构利用现代技术对金融产品在形式或内容方面的革新或创造，以服务客户需要；金融创新产品是金融机构根据消费者和市场需求，设计提供新服务；金融创新产品质量是金融创新产品对消费者感知与理想预期之间的差距。

2. 金融产品创新的机制

创新机制是较为复杂的专业术语，一般包含创新主体、要素关系和创新结果等三方面内容。金融机构产品创新的机制主要由：创新的主体（要素）、创新的过程（关系）以及创新的结果（产品或服务）构成。对金融创新的主体进行了分析，通过梳理相关要素，基于过程管理的视角，对创新的过程进行分析，并阐明创新阶段的重要内容，最终系统分析了金融创新产品的内涵。

3. 金融创新产品质量影响因素

环境是任何决策都不能忽略的因素，尤其是对于处在快速成长壮大、转型过程中的金融产业。从外部宏观环境、组织微观环境进行分析，在文献分析和实践调查的基础上，分析了影响金融创新产品质量的因素，利用 DEMATEL 模型分析影响因素之间的逻辑关系，同时结合解释结构模型对各类因素进行了系统分析，找到影响金融创新产品质量的直接因素和其他层次的因素，并通过案例说明结构模型的科学性，为理清创新机制奠定基础。

4. 金融创新产品质量评价体系

质量评价需要一套科学的评价指标体系，评价维度与具体指标加上相应的权重构成了评价体系的全部内容。以质量链为理论基础，结合业务流程，界定质量构成要素，设定一定的筛选原则，确定最终的质量评价体系，从金融创新产品的设计质量、包装质量、运营质量及服务质量四个维度及相应指标，建立了一套科学的评价体系，运用主观、客观权重赋值法、结构方程软件 AMOS 等分析指标体系的科学性,最后,基于山东省金融创新产品的实践对指标体系进行了验证和修正。

5. 金融创新与政府的监管博弈

金融创新是金融机构,包括银行业、保险、证券与其他金融机构在政府部门的监督管理下进行的市场经营活动。金融创新是金融机构与政府监管之间的博弈关系。研究通过完全信息和不完全信息两种情况对金融机构的创新活动进行了分析,为提出科学的管理策略奠定基础。

6. 金融创新产品质量提升策略

对策研究是本研究的实践价值所在。影响因素分析、创新机制研究、评价指标体系研究及创新—监管博弈分析为提出科学的管理措施奠定了基础。为提高金融产品的质量和有效管理,从政策法规、技术研发、服务意识、市场引导等方面提出促进金融产品质量改善、金融产业健康发展的措施。

1.3 研究方法与框架

1.3.1 研究方法

综合运用金融理论、质量管理理论、营销管理理论,系统地对金融创新产品质量进行科学分析,建立科学的创新产品质量评价体系,最终提出金融创新产品质量提升策略。在研究的过程中,主要运用以下研究方法:

1. 文献分析

查阅有关金融、质量管理、市场营销等领域的国内外文献,在专家访谈、实地调研的基础上,分析金融创新产品质量的内涵及特征。

2. 专家访谈与问卷调查

在文献分析的基础上,通过设计调研提纲,对农业银行、建设银行、渣打银行、交通银行、中国银行、齐鲁银行、民生银行、浦发银行、中信银行、华夏银行、太平洋人寿、美尔雅期货等金融机构有关人员的调研,获取第一手资料，分析金融机构产品创新影响因素、创新机制、质量评价维度及管理策略。

在专家访谈的基础上，根据调研对象回答问题的情况设计了相应调查问卷，金融创新产品质量的调查问卷涵盖了金融创新产品质量的全部内容，通过问卷形式获取数据，为定量考察金融创新产品质量问题提供依据。

3. 数理统计

对调查问卷进行信度分析和效度分析，讨论问卷的科学性。运用因子分析将原有变量中的信息重叠部分提取和综合成最终因子，进而探究各个维度的主要构成。运用主成分分析、方差最大化旋转等方法，最后得到因子分析结果。运用层次分析法对指标的权重进行定量化分析。

在文献分析的基础上，对宏观和微观十个影响因素，利用邻接矩阵的概念对影响金融创新产品质量的因素进行结构化分析，找到影响质量的关键因素及其逻辑关系，为分析创新机制奠定基础。

金融创新产品质量影响因素与产品质量之间的逻辑关系需要通过在概念模型的基础上进行定量化分析。通过建立逻辑关系模型，收集相应的数据，利用AMOS软件对变量之间的关系进行分析，验证概念模型的科学性。

1.3.2 研究框架

本书按照"金融创新产品与质量——金融机构产品创新机制——金融创新产品质量影响因素——金融创新产品质量评价指标体系——金融创新与政府监管博弈分析——金融创新产品质量提升策略"的基本思路，对研究目标进行分析，开展研究，研究框架如图1.1所示。

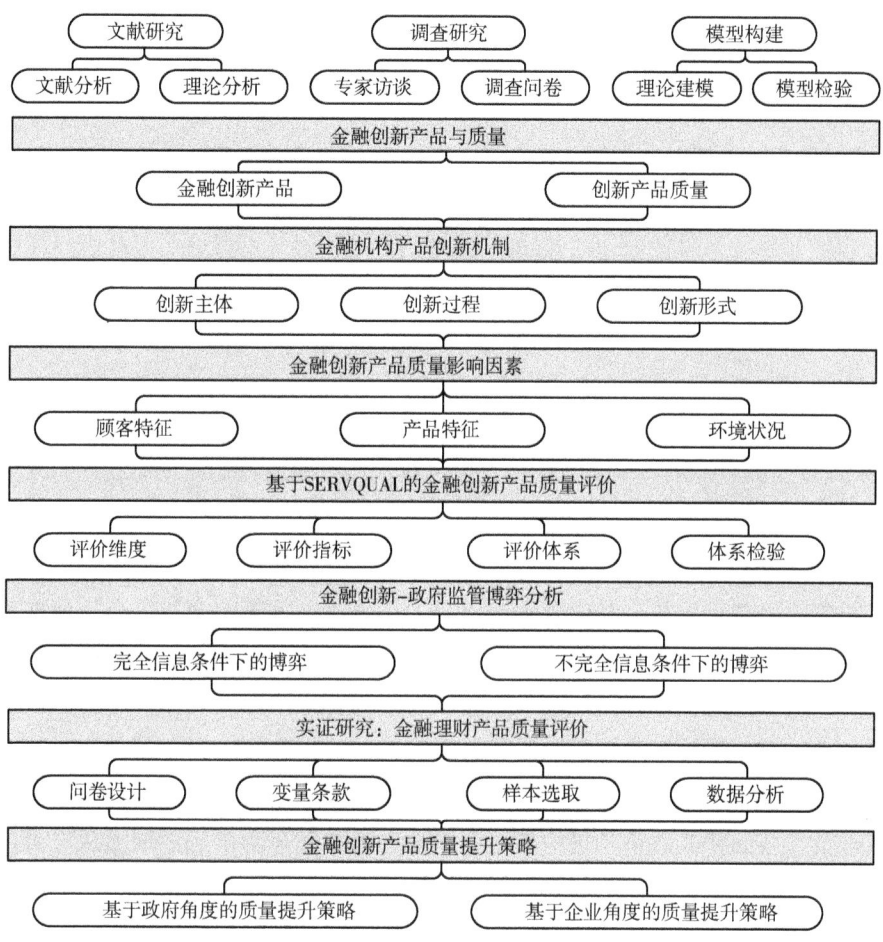

图 1.1 研究框架

第 2 章 文献综述

2.1 金融机构创新的动因分析

金融机构创新是指金融机构结合市场需求，运用新思维、新方法和新技术，引进或自主研发新产品或新服务，或对产品或服务的交易方式与手段等方面所进行的创造性活动，是通过对现有生产要素进行分解、重新整合与组合后所取得的创造性活动，是金融创新的一项主要内容，可以反映金融机构的盈利能力与竞争能力。金融创新是金融产品与服务的提供者（金融机构）为了追求更大的利润，降低自身风险，满足市场对金融服务的新需求，对生产技术（包括新产品、新方法）和生产组织（制度）做出的改进。

金融产品创新促进金融机构核心竞争力的提高和金融市场发展。从金融产品创新的角度对金融机构产品创新的动因进行理论探索，对金融机构产品创新原因进行分析。

20 世纪 60 年代以来，金融自由化推动了金融创新的发展。自 E.S. 肖教授的金融深化理论与 R.I. 麦金农教授的金融压制理论提出以来，金融产品创新速度加快。金融深化理论认为，在政府放松对金融体系与金融市场管制与干预的前提下，利率机制可以自由运行，从而促使金融市场将闲散资金转化为投资并引导资金集中向高效益投资以促进经济发展，而经济发展又通过对金融产业的需求刺激以促进金融产业发展，最终形成金融发展与经济发展的良性循环，实现金融深化。金融压制理论认为，由于政府对金融机构与金融市场的控制与干预，导致"欠发达经济中严重分割性的结果"及"金融抑制"现象，使金融市场缺乏活力和效率而阻碍经济增长，而经济增长的阻碍又制约了金融产业发展，从而使金融与经济发展形成了恶性循环。

金融深化理论和金融压制理论解释了政府干预与金融发展效率之间的关系，

以及金融发展与经济发展之间互相影响，促使"利率与汇率等相对价格扭曲被纠正"，推动了金融市场监管的放松和政府干预的减少，促进了金融市场自由化进程。金融深化理论和金融压制理论主旨在于政府放弃对金融的过分干预，使利率、汇率充分反映供求状况，主张实行金融自由化，通过金融发展促进经济增长。金融产品创新是金融行业采用新手段、新技术、新思想所进行的创造经济财富，提高经济效益的有目的、有计划的创造性活动。金融产品创新强调的是各种金融元素的整合，是为了适应市场经济发展，为了寻求更大经济效益而进行的金融革命。

1. 交易成本理论解释金融产品创新

代表人物是阿罗（Arrow）、科斯（Coase）。众所周知，金融产品的三大特性即是盈利性、流动性、安全性。盈利性作为其最终追逐的目标，交易成本的高低，使单个的经济体对预期收益发生变化，不同的交易成本导致不同的收益需求，直接影响企业的盈利空间。交易成本的变化，驱使金融机构为在金融活动中不断降低成本、增加产出而选择借助新的不同类型的金融产品或金融工具、金融服务，从而由交易成本促进金融创新。在此过程中，金融产品或金融工具、金融服务的创新，可以是由交易成本推动的金融制度改革所推进的，也可以是由交易成本促使新的科学技术诞生并运用到金融创新中使交易成本降低而间接促成的。交易成本的高低，直接或间接促成了金融创新的发展，并直接体现在金融创新的根本目的上，即通过金融创新使金融实体在经营过程中不断提高竞争力水平，并获取更高的利益和更大的发展空间。无论直接推动或是间接促成，交易成本有利于推动金融创新、金融技术的改善，而后者的实现又进一步促进了交易成本的降低。

通过降低成本的方式来增加利润，无疑是追逐利润最大化的一种极为可行的方法。金融机构在经营管理过程中，降低成本的主要方式可以通过金融创新来实现，使交易成本最低化，被交易成本理论学派的支持者认为是金融机构创新的主要动因和直接动因。而交易成本对金融创新的推动，正如前文提到的，有直接推动和间接推动两种方式。直接推动是指金融产品或金融工具、金融服务的创新，可以是由交易成本推动的金融制度改革所推进的；间接推动是指金融创新可以是由交易成本促使新的科学技术诞生并运用到金融创新中使交易成本降低而间接促成的。交易成本的高低，直接或间接促成了金融创新的发展，并直接体现在金融创新的根本目的上，即"通过金融创新使金融实体在经营过程中不断提高竞争力水平，并获取更高的利益和更大的发展空间"。交易成本理论把金融创新的根源归因于交易成本下降，有一定的局限性。

2. 约束诱导理论解释金融产品创新

代表人物是西尔柏，认为金融机构的种种创新，如金融工具的使用，金融业务的实施、金融体制的改善、各种金融交易流程的优化，均是由于金融机构当前面临金融监管当局颁布或实施的各种形式的内外部监管政策的制约，金融机构为了不与之发生冲突，在合理的范围内发展自身的业务，才以创新的方式规避各类监管约束。

金融压制来自两个方面：其一是政府的控制管理。这种因外部条件变化而导致的金融创新要付出很大的代价。其二是内部强加的压制。为了保障资产具有流动性的同时还有一定的偿还率，以避免经营风险，保证资产营运的安全，金融企业采取了一系列资产负债管理制度，其中有偿还期对称、各种资产运用比率等。这些规章制度，一方面虽然确保了金融企业的营运稳定，另一方面却形成了内部的金融压制。两个方面的金融压制，特别是外部条件变化而产生金融压制时，实行最优化管理和追求利润最大化的金融机构将会从机会成本角度和金融企业管理影子价格与实际价格的区别来寻求最大程度的金融创新。这就是微观金融组织金融创新行为的逻辑结果。

当经济形势的发展变化较快，而金融监管的相关法律法规政策未能及时更新以适应新的经济发展变化要求时，就会在一定程度上对金融机构的经营产生制约，影响其盈利性的发挥，甚至使利润最大化的目标无法实现。在这样的形势下，金融机构势必会被迫大力开展金融创新，努力发掘新的金融工具、金融业务品种，在合法合规的前提下最大程度地提高利润。该理论有别于其他西方学者的理论研究，创新地将"趋利动机"归纳为金融机构创新的动因。

约束诱导理论忽视了金融创新的特性和个性，对于所有企业的创新行为具有一般的指导性。并且该理论不能全面地解释诸如由电子通信技术的飞速更新而带来的形式多样的金融创新活动。就连西尔柏本人对该理论模型的解释范围的局限性也给予了公开的承认。

3. 制度创新理论解释金融产品创新

以戴维斯、诺斯、沃利斯等为代表，金融创新是制度创新的一部分，主张经济制度与金融创新互相制约、互相影响、互为因果，金融创新从根本上讲是一种特殊的制度变革。

金融制度的创新，是源于金融业务、金融市场、金融工具的发展实践，是金融业务、金融市场、金融工具创新发展的结果和总结提炼,其对金融业创新发展的理论指导意义远远高于某一具体的金融业务或工具的创新的实际意义,因此金融制度创新属于宏观的范畴。而作为金融创新宏观领域的制度创新,在与经济发展这一大的前提相适应的基础上,自然会扫除原有的旧的金融制度对金融行业发展的障碍,成为促进金融工具、金融产品、金融服务以及整个金融市场的创新,并为其解除了旧的制度约束,为金融创新提供更自由和广阔的发展空间。

与金融创新的其他理论相比,该理论对金融创新研究领域的范围更广,但该学派将一切制度改革均视为金融创新,特别是将带有金融管制色彩的规章制度也视为金融创新。金融管制本身就是金融创新的阻力和障碍,作为金融管制象征的规章制度应是金融革命的对象。

4. 规避管制理论解释金融产品创新

代表人物是凯恩,理论突出强调作为金融经营活动的外部环境制约因素的"管制",对于企业经营过程中的限制,企业为了规避此类限制,自发地采取金融创新的措施,使外部管制的制约程度降低到最小或者完全规避(如推出新的金融产品,可以使监管机构对旧的已有产品的限制得到完全消除)。企业进行创新规避此类管制的最终目的只是为了实现金融企业自身的盈利,使企业的利润达到最大化。

尽管金融当局的管制措施具有一定的时滞性,常常"后知后觉",但是当依据经济发展需要,金融监管当局需要对影响金融稳定与货币政策稳定的金融创新产品、金融创新业务继续加强管制时,金融监管当局必定会出台新的政策或办法加强管制,而这种新推出的管制措施运行到一定时期后,又会导致新的金融创新,二者交替地推陈出新,形成了外部约束与金融企业规避管制间的作用力与反作用力的传导机制,构成了一个互相推动的良性发展过程。

该理论同样只是从外部因素来进行分析,比如管制对创新的带动,比如技术因素对创新的刺激,但是对金融创新的主体——金融机构自身发展的内在因素分析不足,仍然存在一定的不全面性。

2.2　金融创新及影响因素研究

金融业在现代经济体的重要性日益突出,以及快速的创新领域很多学者对金融创新产生了研究兴趣。大量的描述性文献讨论最近的金融创新和发展出现了各种假设。然而实证研究的相对缺乏，相对于制造业和农业文献的丰富，金融创新定量分析的研究较少令人疑惑。提供一个分析理解金融创新的组织类型结构和解释金融创新模式先进假设。Frame 和 White（2004）对 2000 年以后的金融创新的实证研究进行了综述，发现实证研究很少，原因在于创新传统、专利知识、数据研究的缺乏等。

熊彼特（Schumpeter）首次提出了"创新理论"。他对创新所下的定义是：将各种生产要素和生产条件进行新的组合。他将这种组合分为五种情况：一是研发出新产品；二是新技术或新的生产工艺；三是开辟新的市场；四是获得原材料或半成品的新的供应来源；五是实行新的企业管理流程或新的组织形式。熊彼特对创新所下的定义给金融创新的解释打下了基础。对影响金融产品创新的因素分析、对金融创新产品质量评价，国内外许多学者均进行了大量的研究工作。

1. 金融创新的价值研究

谢磊（2008）研究了金融创新的动因及对我国金融创新的启示。姚良（2009）指出金融产品的创新成为提高金融企业核心竞争力的重要手段，分析了次贷危机下，进行恰当的风险防范才能推动我国商业银行金融产品创新。胡明东（2009）研究了银行理财产品创新对货币政策的影响，提出提高产品创新的对策。张蓉（2010）、蔡伟（2011）从金融创新的视角，总结了国内外环境金融研究与发展现状，并探究金融创新与环境金融发展的关联性，提出丰富环境金融可加快环境金融产品的创新。Wonglimpiyarat（2011）探讨了金融创新系统与企业财务的关系问题，在创新融资支持技术创新和创新发展，金融创新系统的结果表明，金融创新对决策者、国家科技能力有深远影响。扎克瑞（2013）以新制度经济学相关文献为鉴，主张金融创新应当首先被理解为是一个变化的过程，金融产品类型和种类的确发生变化，但金融中介机构（如银行）和市场本身也发生着变化。这种变革对于规范金融创新过程的经济学和理解现代金融市场动态都具有重要的政策影响。Awrey（2013）通过一个完整的理论框架研究金融创新对社会福利的影响。Hsu（2013）使用来自中国的新数据对金融系统创新进行实证研究，结果表明公司的创新活动在新兴经济体股票回报中的预测作用，结论有助于加强知识产权保护、减少专利违法行为，提高企业市场价值。Hausman（2014）利用理论文献和当代媒体报道，对经济产生重大影响的创新及其潜在作用、拉动美国经济走出金融危机的策略进行了分析。Hsu（2014）研究了金融市场发展如何影响技术创新，使用包括发达国家和 32 个新兴国家的数据，研究表明金融通过股市和信贷市场的发展影响技术创新。在那些更依赖外部融资的产业及高科技密集型产业方面，具有发达的股票市场国家比一般国家表现出更高的创新水平。然而，信贷市场的发展似乎阻碍了产业的创新。基于社会资本理论，Zheng（2014）建立了一个研究模型，使用中国和美国的数据比较分析企业家的社会网络如何影响群体集资。研究发现，企业家的社会网络关系对企业家和企业家之间的共同集资项目有明显影响。Lechman（2015）以巴西、墨西哥、美国、日本和韩国在 2002~2012 年间的数据，通过描述性统计、逻辑增长模型探讨了经验信息和通信技术（ICT）的渗透和新兴经济体的金融创新之间的联系。为了解决金融创新是否是保持经济增长所必需的这个问题，Laeven（2015）构建一个熊彼特的模型，企业家通过发明更好的产品获得利润。该模型预测，技术创新和经济增长最终停止，除非金融家创新。亚洲新兴经济体的一个独特的特性是发达金融体系的发展变化和技术部门在不同的地理区域。

2. 金融创新与收益研究

创新是经济发展的不竭动力。秦建文（2009）以美国次贷危机为例，分析了金融危机的根源，建议未来要做到金融创新立足实体经济并服务实体经济；金融创新与金融监管并重，加强场外监管；确保金融创新的基础资产质量；审慎对待复杂的金融产品创新、规范信用评级、加强风险控制、坚持行之有效的外汇管理政策。Gentle（2008）认为若能在金融监管的框架下，建立和发展好其内部治理和控制的体系，就能够平衡金融创新过程中面临的风险和回报，使金融产品创新的活动得以持续。李杨（2009）认为在 2008 年金融危机中，中国所受的冲击更多的是在实体经济层面而非金融体系层面上。其中最主要的原因是，中国金融体系的开放性不足避免了外部系统性风险的传染，与此同时，中国的高储蓄率为金融机构提供了稳定、充足的资金来源，使得金融机构不必求助于高风险、高成本的融资渠道。余海斌（2011）提出了金融创新产品风险的监管理论分析框架，对于我国金融创新及金融监管理论发展及实践指导具有积极意义。朱玛（2011）分析了知识产权保护可促进金融创新产品，中资银行金融创新知识产权保护的现状并不理想，应该制定措施予以改进。周颖（2013）对新型金融创新产品即中小企业集合债券，对其融资效率影响进行实证研究，指出创新产品应注意运营的关联度、差异度、财务的关联度与融资效率之间的关系，科学衡量创新产品的风险。Kim（2013）使用 132 个国家的金融和宏观经济数据集，研究实证分析了在全球金融危机中金融监管和创新的关系。这表明监管政策如限制银行活动和准入要求使得银行金融危机的可能性下降，而资本监管和政府对银行的所有权增加了现金危机的可能性。研究还表明科学监管对于金融稳定的重要意义。Norden（2014）通过分析 2007～2009 年美国金融危机期间信用衍生品研究了风险管理的重要性。刘京华（2014）分析了借助于第三方支付平台的金融创新及其发展动向，提出了存在的问题及解决方法。Boz（2014）分析了 2008 年美国信贷危机背后的关键因素。

3. 金融创新监管研究

Santiago（2007）对金融产品创新进行了实证分析，研究结果表明在金融产品多元化过程中，对产品进行创新的银行其市场竞争力有显著的提高，灵活的监管方式和手段，增强其竞争力。曾薇（2009）梳理了当前国外金融监管与金融产品创新理论研究成果，分析金融监管对金融产品创新的影响，构建了金融监管与金融产品创新的理论模型。庄新田（2009）对我国银行卡扩散数据进行实证研究发现，基于消费者网络的创新扩散模型较好地拟合了样本数据；在银行卡扩散中消费者内部的"口碑效应"发挥着重要作用；基于消费者网络的创新扩散模型揭示了各银行卡产品所面对的不同消费者网络拓扑结构，揭示了各产品消费者群体创新采纳的不同内部影响机制。许多奇（2011）比较美国新的金融监管体系改革，认为我国的金融创新应该立足中国实践，以信息监管为中心，构建一个统合的金融信息平台，形成有效的信息共享机制，并进一步完善金融机构和监管者对金融创新产品的全程信息披露制度，强化对金融消费者的保护。尚福林（2012）等学者提出金融企业同质化的竞争，影响了金融结构的改善，以市场化为导向的金融创新机制不完善，同时指出对金融机构的创新权限限制过严，严格的监管体制，虽预防风险但是抑制金融市场上产品的创新，导致产品过于有限、金融服务和供给不足，削弱了我国金融竞争力。官建成（2015）探讨了中国政府的财政政策在 20 世纪 90 年代刺激企业创新的影响，通过对 1000 家中国制造业企业的实证调查，结果表明，政府财政激励如特殊贷款和税收抵免等正向影响企业创新的经济表现，而直接拨款并没有提高创新的经济绩效，有时是负面影响。研究还表明，所有政府的财政激励措施与高科技公司的专利无关，这表明 90 年代的中央计划资助制度是无效的。研究结果表明，政府应进一步改革增加市场力量的作用。田原（2015）基于金融创新系统结构（Frame & White，2004、2010），将其划分为金融创新产生、金融创新扩散及金融创新环境子系统。金融创新发展的实质是金融创新过程和金融创新环境相互作用、相互胁迫，由低级协调共生向高级协调发展的螺旋式上升的过程。并认为还需要从以下几个方面进行探索：如何采用量化分析金融创新体系的内在的复杂关系；如何将创新产生的内生性和外生性很好地结合起来，而不是仅仅进行分别讨论；如何考虑金融创新过程与创新环境的协调发展机制。

4. 金融机构的特征研究

Nugee（2006）认为以个体金融机构安全为监管目标的监管模式，会使金融机构进行产品创新的积极性受到一定程度的损害；黄玮强（2008）基于持续期模型的网络金融创新产品扩散研究，得出银行采纳创新产品的概率与银行规模不存在显著的相关关系，国有商业银行、股份制商业银行和城市商业银行在采纳创新产品的时间及创新产品扩散的速度上存在差异；Wolf（2008）指出金融机构之间竞争加剧，彼此间业务渗透和交叉越来越广泛，金融产品的创新使得金融机构本身趋于同质化，这使得金融机构规避风险能力增强的同时，也带来了评估和控制风险的挑战；Fecht（2009）指出银行稳定性下降，金融系统风险更容易在不同的金融部门和不同的国家之间传染，以及个体银行聚集的风险增加。中小企业已被证明是一个自给自足的企业集团，拥有强大的阻力。不幸的是这些独立的商业团体，特别是小型和微型企业，收入低不容易从银行获得资金。小型和微型企业融资的解决方案之一是小额信贷。Ibrahim（2012）提出了一个资助中小企业小额信贷的商业模式，涉及捐助者或资助者、志愿者、领域合作伙伴、教练和非营利组织，在一起工作的过程中检查、监督和管理资金的使用。

对以往研究学者评价：对于金融创新及影响因素，相关研究涉及的已有不少，大多数学者已经探讨到树立金融创新的风险意识和竞争意识，对提高金融创新能力具有重要影响。但金融机构对创新的重要地位的认识不足，金融创新的风险控制能力有待提高。目前的研究大都是从金融的内部影响因素进行分析，鲜有学者能在金融创新的过程中，系统的考虑环境带来的影响。

2.3 金融产品质量及评价研究

周游（2009）从金融创新、科技进步的角度对金融创新产品质量进行评价，提出金融创新推动科技进步，促进社会发展，但是脱离科技进步、经济增长需要的过度金融创新活动造成危机蔓延。廉桂萍（2009）提出金融机构适度介入衍生品市场，不能过度依赖数学模型，加强对评级机构监管和提高金融监管的质量水平。胡滨（2009）在构建金融生态环境评价指标体系的基础上，以黑龙江省13个地市为例，采用多元统计因子分析法评估区域金融生态环境水平，并进行实证分析与研究。薛继增（2010）依据信贷平稳运行、有效的创新保障机制、金融创新风险的防控能力三个方面评价金融产品质量。叶莉（2012）等基于美国金融创新产品质量的衍生逻辑视角，搭建了金融监管与创新之间的双向响应机制，侧重在金融创新的过程中，完善监管体系，以此响应不断深化的创新，发挥金融服务实体经济的功能。郭赛君（2011）从产品创新的现状出发，指出我国商业银行金融产品创新存在着产品整合程度不高、缺乏创新自主性、产品独创性比较低、同质化现象严重等问题。Meer（2014）研究了供给价格的影响，使用来自政府捐赠平台的数据分析，结果表明，供给价格的增加导致项目被资助的可能性较低，供给价格弹性在 0.8~2 之间。章慕凡（2014）从目前经济与金融发展中存在的现实问题出发，分析了金融产品创新的发展方向，提出了商业银行开展金融产品创新的具体措施。聂进（2014）在网络信息服务质量评价的理论基础上结合网络金融信息服务领域自身的特点，提出网络金融信息服务质量评价指标体系，并加以分析。以将垂直财经网站作为研究对象对模型进行实证研究，运用 SPSS 数据分析软件对数据多维度分析。

有关互联网金融创新产品方面，陶娅娜（2013）认为，互联网金融是传统金融行业与以互联网为代表的现代信息科技，特别是搜索引擎、移动支付、云计算、社交网络和数据挖掘等相结合产生的新兴领域，是借助互联网技术、移动通信技术实现资金融通、支付和信息中介等业务的新兴金融模式。随着金融与互联网的相互融合，互联网金融已泛指一切通过互联网技术来实现资金融通的行为。互联网金融目前的发展模式主要包括第三方支付[①]、P2P 小额信贷[②]、众筹融资[③]、互联网货币、电商金融及其他网络金融服务平台等。谢平（2012）提出了互联网金融模式的概念，并研究了其支付方式、信息处理和资源配置，认为互联网金融模式能提高资源配置效率、降低交易成本来促进经济增长，产生巨大的社会效益。《众筹》法案之前，销售公司的股本权益通过集资实际上是违反美国证券法。通过众筹行为，Stemler（2013）分析了基于股权众筹有可能打开无数资金不足的企业家和小企业融资机会。Belleflamme（2014）比较了两种形式的众筹

---

① 1996 年全球第一家第三方支付公司在美国诞生。
② 2005 年第一家互联网 P2P 公司 ZOPA 在英国上线。
③ 2009 年美国一家创业众筹网站 KISKSTARTER 诞生。

(crowdfunding)：企业家征求个人预购产品或推进一个固定数量的钱换取未来的利润份额（或股票），使用一个统一的模型研究表明，如果与最初的资本要求相比有一个相对较小的市场规模，企业家更喜欢现在利润分享。Valanciene（2014）研究了众筹的相关利益主体：内容、背景、联系及利益相关者，并阐述了他们的重要意义。Dragojlovic（2014）通过描述125个基础研究、药物研发和临床试验的众筹，表明该集资方式的重要意义。

互联网金融的发展给传统金融带来了深远的影响（陶娅娜，2013）。互联网金融和传统金融加速融合，同时相互博弈。互联网金融也对货币政策有效性产生了重要影响。由于中国人民银行无法准确掌握互联网货币的流通、发行规模等，互联网货币的发行会通过替代流动中的现金和存款，降低存款准备金余额等使得货币乘数效果显著，增加货币供给的内生性和货币乘数变动的随机性，增加中央银行调控货币的难度。此外，互联网金融还对金融监管和金融消费者权益存在重要影响。未来理论和实践势必要对互联网金融有更为清晰的把握。

对以往研究学者评价：学者对金融机构创新产品的质量评价研究，主要是基于某一个或几个方面展开的（如机构、监管、风险因素等），鲜有学者系统的考察金融创新产品的质量、建立系统的产品质量评价体系并进行科学评价。总体来看，以往的研究还很不完善。

2.4 相关研究评价

相关研究在金融创新产品内容、影响因素、提升产品质量策略等方面做了大量研究，对于研究金融创新产品质量评价体系有一定帮助。然而相关研究还存在以下不足之处：

（1）有关金融创新产品质量影响因素的系统研究是个空白。本书将利用解释结构模型对影响金融产品创新的影响因素进行分析，从金融业外部环境、内部环境两个层次，分析政治法律政策、用户产品质量意识、社会信用环境、经济状况、技术创新、创新管理经验、经营管理水平、人才技术设备水平、战略产品定位等因素与金融创新产品质量之间的逻辑关系（Ajratovich，2015；Cordova et al.，2015）。

（2）金融机构产品创新的机制问题，相关研究比较匮乏。基于过程管理理论，建立全过程的质量评价指标体系，利用统计分析、层次分析等方法对金融创新产品质量建立评价指标体系，结合山东省金融创新产品的现状，对金融创新产品的质量进行评价，为金融创新产品质量的改善提出建议，推动金融产品创新，发挥金融对经济增长的推动作用。

（3）对于金融创新产品质量评价体系相关研究还没有发现。由于金融创新产品种类复杂，质量难以衡量，相关金融创新产品质量评价的理论研究和实证研究都是非常匮乏的。而实践中金融创新的迫切需要，必须对产品质量建立评价指标体系，对金融创新产品进行评价。

（4）金融机构创新与政府机构金融监管之间的博弈关系，研究不足。金融机构基于利润、竞争等需要不断创新服务形式和内容，而政府监管机构为了确保金融的安全性需要对金融机构进行合理监管，二者的博弈关系是提出合理的金融产品管理策略的前提。本研究基于完全信息和不完全信息两种情况下的创新——监管分析，为提出合理的管理策略奠定了坚实的基础。

（5）金融创新产品实证评价实证研究，相对不足。由于金融实践远远走在理论研究的前面，实践中相关的实证研究相对不足也容易理解。本研究在对金融创新产品质量分析的基础上，提出科学的金融创新管理策略，对于政府金融监管部门、金融机构管理者、金融领域消费者都是一个比较好的参考。

第 3 章　金融创新产品及其质量

金融创新对经济增长具有显著的推动作用。通过对国内外金融创新文献进行梳理研究，重塑金融创新理论框架，把握金融产品及其质量问题，对于提升金融创新产品质量具有重要意义。

3.1　金融创新产品

1. 金融创新

金融指货币的发行、流通和回笼，贷款的发放和收回，存款的存入和提取，汇兑的往来等经济活动。金融的本质有以下3点：

（1）理财和融资。为有钱人理财，为缺钱人融资。对于银行来说，老百姓有钱存在银行里，企业需要钱，银行就是在之间起着桥梁、起到中介和服务作用。银行通过负债业务将社会上闲散的货币集中起来再通过资产业务把它投放到经济部门中。对于保险来说，有财产、人身安全及寿险。保险实际上是人在健康、安全的时候，有余钱买了保险，发生生病、死亡等意外突发事件的时候拿来救急，这个过程是人自己给自己的一个平衡，当这笔钱放在保险公司，又可以为企业融资提供资金来源；对于证券市场来说，老百姓冒一定的风险投资买股票，取得回报，不管是赚的企业利润分配，还是股价差价，总之是为有钱人理财的一个桥梁；对于租赁，一个企业没钱一次性投资10亿，就要借债，如果通过租赁，把一次性的巨额投资转化为日常的租赁费用，那么投资资本和资金就转化为租赁公司的资金，而企业不出这笔钱，摊入运行成本，运行成本增加以后，少交一点所得税，或者产生各种各样的效益。这也一样起到为需要钱的人融资的作用。因此，不管是直接金融系统的资本市场发债券、发股票，还是间接的金融系统商业银行或者非银行金融系统，都是各种理财方式、中介方式，本质上就是为有钱人理财，为缺钱人融资。

（2）信用、杠杆、风险。首先是信用。没有信用就没有金融，信用是金融的立身之本，是金融的生命线。金融的生命线，一种体现在是金融企业本身的生命线，金融企业本身要有信用；一种体现在与金融机构借钱的企业也要有信用；还有一种体现在老百姓在你这儿存款、投资的过程中，各种中介服务类的企业当然也要有信用。离开金融本源的任何理论都是不成立的，这个本源就是两个字——"信用"，金融安身立命之本。企业的信用在哪儿呢？第一，企业要有现金流，资本市场上考核企业的第一个信用就是分析财务报表里的现金流。第二，要讲企业的利润。第三，和抵押物有关，如果回报率、现金流不大讲得清，但这个企业很重要，担保公司愿意为他担保，或者某个第三方企业帮他担保，担保物是充实的，银行当然可以照贷无误，如果万一企业不行，担保公司、第三方企业赔，只要这个事铁板钉钉，也是可以的，也是一种信用。第四，就是企业的高管人员，企业的经理是一个世界有名、中国有名、区域有名的非常实诚的优秀企业家，如果遇上金融危机，遇上特殊困难，暂时遇到困难，凭他个人信用的含金量，大家可以帮忙。另外企业的品牌等一些无形资产也是有价值的。有许多的衍生工具，但是不管什么衍生工具，总是能看到信用几个基本特征的痕迹，如果全部抛弃了，首先是泡沫。没有信用的一切金融都是假金融、伪金融。其次是杠杆。金融的特点就是杠杆，没有杠杆就没有金融。为什么要信用？因为信用是杠杆的基础，一旦有信用，就有透支，透支就是杠杆。银行的存贷比，就是一种杠杆比例。最后是风险。所有的金融风险都是杠杆比过高造成的，没有杠杆比就没有金融，但杠杆比过高就产生风险。一切金融的创新都是想方法把杠杆放大。设计一个风险比较小的、有一定信用基础的、可靠的、不容易坏账的杠杆比是金融的精髓。过分的杠杆比是一切坏账、一切风险、一切金融危机的来源。解决金融危机的全部办法就是"去杠杆"。风险、杠杆和信用是互动的，信用高的风险当然就低，杠杆比一般也不会太高；杠杆比高的信用就会降低，风险也就比较高。

（3）金融业就是服务业。金融不是单纯自拉自唱的行业，它是为实体经济服务的，金融如果不为实体经济服务，就没有灵魂，就是毫无意义的泡沫。金融的要义是为实体经济服务。金融只有在为实体经济服务的过程中，围绕着实体经济运转的过程中，才能成为中心。王岐山同志在当国务院副总理时曾说过，"百业兴，则金融兴；百业稳，则金融稳"。一个地方政府为企业服务，推动金融发展，要为实体经济服务，为小微企业服务，为"三农"服务，为结构调整服务，为国家的战略重点服务，要为改革开放服务。要支持实体经济、工商企业特别是

"三农"、小微企业发展，要为调结构服务。凡是有利于产业创新的，不管是工业创新，还是服务业创新，应多予以支持。

1913年美国经济学家约瑟夫·阿德罗·熊彼特在《经济发展理论》一书中将创新概括成五种情况：引进新产品、引用新技术（即新的生产方式）、开辟新市场、控制原材料的来源、实现企业的新组织。从根本上来说，组织创新的目的在于通过创新获得竞争优势从而维持超额利润能力。随着时间的推移，"创新"被广泛地运用于各个领域，因此也冠以不同种类的创新。

金融创新是熊彼特创新学说在金融领域里的应用。银行是推动创新所必需的购买力的生产者。银行信用分为正常信用和非正常信用，非正常信用是银行对未来劳务和商品提供的信贷，有助于经济成长，即金融创新。弗里德曼认为：金融创新实际上是"一种国际货币制度的变革"，国际货币制度的空前发展，使得"金融市场上的各种金融创新层出不穷，创造出新的金融工具和结构"。1986年西方十国集团中央银行编写的《近年来国际银行业的创新》的研究报告中指出：金融创新从广义角度看，包括两种情况：一种是金融工具的创新，指票据发行便利、货币和利率互换、外汇期权和利率期权、远期利率协议；另一种是金融创新的三大趋势，指金融领域的证券化趋势、资产表外业务与日俱增的趋势、金融市场越来越全球一体化的趋势。

对于金融创新的定义，国内外理论界至今仍没有定论。厉以宁、陈岱孙（1991）认为，金融创新是金融领域内新的生产函数的创建，是为获取盈利而进行的市场改革，是各种金融要素的重新组合，包含金融市场中出现的新的支付制度、新的金融工具、新的支付结算方式、新的金融制度、新的融资方式、新的金融市场以及新的金融组织形式等内容。总的来说，国外学者倾向于从微观范畴看待金融创新，将其视为金融工具和金融市场的创新；而国内学术界大多数学者更为认可以厉以宁和陈岱孙为代表的金融创新宏观概念，认为金融创新代表新的金融工具、金融技术、金融机构和金融市场、金融制度的创新与推广。

金融系统的主要功能是促进经济资源在一个不确定的环境的各地的空间和时间的配置和部署（Merton，1992）。这个过程涉及一个支付系统交换的媒介，资源从储存资源到投资使用者转移，转移时间的节约以及通过保险和多元化的风险降低。金融体系的操作涉及实际资源的成本，如劳动力、材料和金融中介机构及人员的资本。因为多个时期金融固有的特点，对未来不确定性产生风险（成本），为规避风险，金融创新如新的或改进的金融产品、服务、工具，代表着新的东西，降低成本，减少风险，更好地满足参与者的需求（Frame & White，

2004)。

本书将金融创新界定为：经济发展过程中各种金融要素的重新组合。金融创新有广义和狭义之分，狭义的金融创新是指金融工具、金融业务的创新；广义的金融创新是还包括金融机构、金融市场、金融技术等的创新。本书所涉及的就是狭义上的金融创新，即金融业务与金融工具创新。金融创新可以分为新的产品（可调利率抵押贷款、交易所指数基金）、新的服务（网上证券交易、网上银行）、新的生产过程（电子记录证券、信用评分）或新的组织形式（一种新型的电子交换交易证券）。创新是现代经济任何部门的一个重要现象。金融在经济的中心性和对经济增长的重要性显示了金融创新的重要性（Levine，1997）。金融是几乎所有的生产活动和消费活动的虚拟输入，金融部门的改善将积极的直接影响整个经济。此外，因为更好的融资可以鼓励更多的储蓄和投资，也可以鼓励更有效率的投资决策，金融创新的间接积极影响更大。

金融创新是保持经济增长的必然要求。Laeven（2015）构建了一个熊彼特的理论模型，金融家参与创新的成本昂贵但潜在获利颇丰，结果表明，技术创新和经济增长最终停止，除非金融家创新。金融创新是近年西方金融业中迅速发展的一种趋向。金融创新的内容是突破金融业多年传统的经营局面，在金融业务与工具、金融技术、金融机构以及金融市场等方面均进行创新与变革。现代金融创新始于20世纪50年代，七八十年代得到迅速的发展。五六十年代的国际金融创新，主要目的在于逃避各国的金融控制和资本管制，主要有欧洲美元、欧洲债券、平行贷款等。70年代的国际金融创新其主要目的在于防范汇率、利率风险。创新形式主要有浮动利率票据、货币远期交易等。80年代的金融创新主要表现为融资方式创新，主要有四大类：票据发行便利、互换、期权、远期利率协议。90年代后，随着互联网技术的革新，新型金融市场不断形成，金融衍生工具市场获得迅速发展。

金融创新提高了资源配置效率，使得经济得到发展，加强了金融在国家和世界经济中的地位，吸引着无数国内外学者对金融创新进行研究，以便为进一步的创新提供理论上的支持。

2. 金融创新产品

国内学者则对金融产品作广义、狭义区分：广义上金融产品的组成要素包括金融运用方式、金融工具和金融服务体系；狭义金融产品包括本身是商品的金融工具及伴随"支持性商品"而提供的服务。从狭义范围定义金融产品为：金融机构为解决特定金融问题，以满足特定市场顾客的金融需求而设计、推广的产品，基本形式包括传统意义上的金融工具和金融服务。

金融产品创新设计时，需明确客户所持牌照的业务边界。金融牌照，是批准金融机构开展业务的正式文件。目前金融许可证由银监会、证监会和保监会等部门分别颁发。

关于金融创新产品，目前还没有一个统一的定义。本书将金融创新产品界定为：20世纪90年代以来，伴随着移动支付、社交网络、大数据、云计算等计算机网络技术的飞速发展，由于金融环境的变化和金融竞争的加剧，金融机构为提高自身竞争力，运用电子计算机网络技术、系统工程等科技创新技术、现代数学和博弈论等专业知识所开发的产品与服务。由于本书设计的金融创新是狭义上的概念，因此金融创新产品也主要是狭义上的金融业务与工具。

金融主要满足人们支付、融资、投资理财、风险管理等需要，在实践中又有多个领域的金融产品与服务可以满足这种需要。本书从主管部门的差异对金融创新产品进行分析。传统金融产品主要满足人们的存款、借贷、支付等功能，而金融创新产品在这些基本功能的基础上，衍化出多种多样的金融产品形式，如支付结算、投资理财、现金管理、交易业务、托管业务、金融市场、金融同业、小微企业、"三农"服务、行业解决方案等，本书统一称为金融创新产品。

按照不同的标准，金融创新产品的类型不同。从资金流向看，有负债类、资产类及中间业务创新；从客户对象来看，有个人业务，有企业业务；从标准化程度看，有个性化产品，有标准化产品；从产品和服务的内容复杂程度看，有产品与服务，有行业解决方案；从实现渠道看，有柜台产品，有电子化网络产品。其他还有一些划分标准，不再赘述。

从经营领域看，主要有银行业、保险、证券及互联网金融业。有中国人民银行管理下为非金融机构提供的第三方支付业务；有银监会管理下的银行、信托、租赁、货币经纪公司及非银行业贷款公司提供的金融产品与服务；有证监会管理下的银行、基金、证券、第三方理财、第三方支付机构、证券公司、基金管理公司、基金子公司、期货公司提供的金融业务；有保监会管理下的保险公司、保险代理经纪公司提供的金融业务；还有其他管理机构（金融办）管理下的典当企业、小额贷款公司、融资性担保公司、融资租赁公司提供的金融业务。金融创新产品类型复杂，形式多样。本书从银行业、保险、证券及其他四种类型进行分类，详细内容见表3.1。

表 3.1　各机构管理的金融产品与服务一览表

监管部门	类型	细分	金融产品与服务
银行业	个人服务	基础服务	1. 存款 个人存款基础产品：人民币（外汇）活期储蓄，人民币（外币）整存整取定期储蓄，人民币零存整取定期储蓄，人民币存本取息定期储蓄，人民币整存零取定期储蓄，人民币定活两便储蓄，人民币（外汇）个人通知存款 个人结算及现金管理产品：个人自动转账、个人资金归集 个人增值转存产品："双利丰"、整存整取加息智能转存、"聪明账"增值账户 个人智能转存产品："双利丰"、个人通知存款、整存整取加息智能转存、"聪明账"增值账户 2. 借记卡 IC 借记卡、普卡、贵宾卡、联名卡、主题卡 3. 外汇 结售汇：个人购汇、个人结汇、外币兑换 汇款：国际电汇汇款、个人结汇、西联汇款、电子旅行支票、环球汇票、纸质旅行支票、预约开立境外银行账户 投资：外汇宝
		金融生活	1. 贷款 住房：个人一手住房贷款、个人二手住房贷款、个人一手住房按揭贷款、个人二手住房按揭贷款、个人住房与公积金组合贷款、个人住房循环贷款、置换式个人住房贷 款、个人住房直客式贷款、个人住房非交易转按贷款、个人住房接力贷款、个人住房公积金贷款、"还款假日计划" 消费：随薪贷、国家助学贷款、消费保捷贷、留学贷款、商业助学贷款、家装贷 创业：个人助业贷款、个人一手商业用房贷款、个人二手商业用房贷款、旺铺贷 特色：房抵贷、个人综合授信贷款、卡捷贷、存贷通、二手房交易资金托管、个人自助循环贷款、个人理财产品质押贷 款、气球贷、个人质押贷款 2. 外汇 外汇理财："本利丰"、外汇宝、西联汇款 外汇储蓄：外汇活期储蓄存款、外汇整存整取定期储蓄存款、外汇个人通知存款、外汇结售汇、外汇大额协定存款 质质旅行支票、外汇存款证明、金融信用卡、国际电汇汇款、个人结汇、环球汇票、纸 3. 生活服务 生活缴费、在线充值、机票预订、网上购物、电影票

第 3 章　金融创新产品及其质量　29

续表

监管部门	类型	细分	金融产品与服务
银行业	个人服务	投资理财	一、银行 1. 银行理财：本利丰、安心得利、汇利丰、安心快线、汇利丰、进取网上直销、保险资金托管；2. 贵金属；3. 代理保险：保险网上直销、保险资金托管；4. 基金；保本型、股票型、混合型、债券型、境外宝；2. 外汇交易；5. 外汇交易；6. 债券；7. 人寿 二、货币经纪 货币市场：同业拆借经纪（人民币及外币）；债券回购经纪等 外汇市场：外币掉期买卖经纪 固定收益现券买卖经纪：央票、金融债、国债、短期融资券、企业债、次级债等 利率衍生品市场：人民币利率互换经纪
		存款服务	单位活期存款、单位定期存款、单位通知存款、单位协定存款、单位外汇活期存款、单位外汇定期存款、单位外汇通知存款、约期存款、协议存款
		融资融信	一、银行 固定资产贷款、循环额度授信、出口退税账户托管贷款、房地产贷款、国内贸易融资、担保承诺、委托联合贷款 二、金融租赁 新购设备融资租赁、新购设备经营租赁、融资型售后回租赁、优化型售后回租赁、结构型税务租赁、厂商租赁、设备出口租赁、国际合成租赁、国内联合租赁、代理彩票资金结算业务、信托公司及租赁
	企业服务	支付结算	"银医通"业务、"银彩通"业务、代理彩票资金结算业务、票据结算、汇兑、定期业务、代理机构结算、代理收付、国内信用证、电子商业票
		现金管理	账户管理、收款服务、付款服务、流动性管理、投融资服务、供应链金融、风险管理、服务渠道
		交易业务	外汇交易、人民币交易、掉期交易、代理黄金交易、集合理财
		投资理财	香港人民币债券承销、金融债券承销、企业上市财务顾问服务、常年财务顾问服务、信贷资产转让、结构化融资
		银行卡	借记卡、信用卡、联名卡、银行卡收单
		金融市场	货币市场、外汇交易、贵金属业务、债券承分销业务、理财业务、票据业务
		金融同业	资金信托代理业务、银券通业务、第三方存管业务、代理销售集合资产管理计划、全国银期转账业务、银保通系统、保险代理业务、证券投资基金托管

续表

监管部门	类型	细分	金融产品与服务
银行业	企业服务	小微企业	特色产品：简式贷（小企业商式快速信贷业务）、厂房贷（小微企业工业用房按揭贷款）、智动贷（小企业自助可循环贷款）、票据通（票据置换业务）、在线通（中小企业贷款在线申请业务）、账信通（小企业应收账款质押融资业务）、县域中小企业动产质押融资业务、中小企业产品集群多户联保信贷业务 通用产品：存款业务、融资融信、支付结算、现金管理、交易业务、投资银行、托管业务、银行卡、电子银行
		国际业务	减免保证金开证、打包贷款、进口代收、进口代付、跨境人民币结算业务
		养老金	养老保障管理产品托管、企业年金账管、企业年金托管
	三农服务	三农个人产品	金穗惠农卡、惠农信用卡、农户小额贷款、地震灾区农民住房贷款、季节性收购贷款、农民个人生产经营贷款、县域工薪人员消费贷款
		三农对公产品	惠农特色产品金融服务：农业产业化集群客户链信保业务、农村城镇化贷款、农村基础设施建设贷款、农民专业合作社流动资金贷款、化肥淡季商业储备贷款、循环额度授信、森林资源资产抵押贷款 一般金融服务：循环额度授信、流动资金贷款
	信用卡		标准系列、白金系列、公务系列、商务系列、航空旅游系列、特色主题系列、百货餐饮系列、教育系列、联名系列、准贷记系列、爱车一族系列
	证券		TMT（电子、通信、传媒）、环保新材料、医药健康业（生物医药、养老保健）、军工（高端制造业）、汽车、商贸零售旅游（消费业）、能源（电力、煤炭、新能源）、房地产、金属、金融等行业
	基金		各类基金：货币基金、理财产品、债券型、混合型、股票型、指数型、QDII基金、LOF基金、ETF基金、保本型基金
期货	金融期货		股指期货、国债期货、利率期货、汇率期货
	商品期货		上期所：铜、铝、锌、铅、黄金、白银、螺纹钢、燃料油、橡胶、沥青、线材、热轧卷板 大商所：玉米、黄大豆、豆粕、豆油、棕榈油、胶合板、纤维板、聚乙烯、聚丙烯、聚氯乙烯、焦炭、焦煤、冶金焦炭、铁矿石 郑商所：强麦、普麦、棉花、白糖、菜籽油、早籼稻、甲醇、精对苯二甲酸、玻璃、菜籽粕、油菜籽、粳稻、硅铁、锰硅

第3章 金融创新产品及其质量 31

续表

监管部门	类型	细分	金融产品与服务
银行业	信托		固定收益：信托产品、资管产品；浮动收益：阳光私募、私募股权（PE）
	股票		A股、创业板、新三板、地方股权交易系统
	金融托管		证券投资基金托管、基金管理公司特定客户资产托管、保险资金托管、券商集合资产管理计划托管、券商专项资产管理计划托管、商业银行理财产品托管、信托计划托管、信贷资产证券化信托资产托管、产业投资基金托管、股权投资基金托管、交易及专项资金托管、合格境外机构投资者（QFII）证券投资托管、合格境内机构投资者（QDII）证券投资托管、人民币合格境外机构投资者（RQFII）证券投资托管、企业年金托管
保险		个人类别	机动车辆保险、定期寿险、债券基金、指数基金、货币基金、少儿保险、理财保险、旅游保险、终身寿险、意外保险、养老保险、保险激活卡、家财保险、健康保险
		企业类别	企业员工养老保障、企业年金投资风险保障、人身意外风险保障、财产损失风险保障、经营责任风险保障、企业员工健康保障、运输及物流保障
	保险代理、经纪		寿险、车险、意外险、企财险、理财产品
	存款保险业务		
其他	互联网金融	其他	代收代发、实名支付利验证支付、收款转账付款、转账到银行卡、订单支付、AA收款、找人代付、人民币支付、充值、卡支付、分账支付、现金归集、委托收款、电话语音支付、Paypal国际收汇、付款到银行、批量付款到银行、付钱到账、付钱到账、钱账户、批量付款到银行、预付卡支付、POS支付、网络支付服务、传统银行卡受理、商超MIS-POS、IC卡网存和受理应用、预付卡服务、代收付服务、全民付收银、全民付账户支付、Card-MIS、基金支付、通联支付、APP、线下、WAP交易、IVR语音交易、信用卡分期支付、信用卡付账户支付、信用卡EPOS支付、快捷支付、手机支付、B2B大额支付、财付通余额支付、批量付账款、财付通快捷付款、委托扣款、即时到账交易、交易自动分账、手机支付、中介担保交易、易、财付通快捷付款、财付通账户系统、快钱云端会员资金管理系统、快钱快付、投资理财
		生活助手	水电煤电视宽带、有线电视缴费、还贷款、账单管家、信用卡还款、手机充值、房租房贷、生活费、保险续费、跨行转账、中介、招聘、网游、校园一卡通、余额宝、账单代购、机票预订、门票、彩票中心、快钱会员、全民付手机客户端、全民付手机刷卡器
		会员账户管理	账户管理、交易记录、支付款方式管理、集分宝、提现、充值、自助终端、ATM业务、积分、收付通、快付通、账户通、转账通、智付通、快钱账户、快钱账户、集团账户

续表

监管部门	类型	细分	金融产品与服务
其他	互联网金融	开放性合作平台	公共事业缴费、全民付账单号支付、预付卡受理平台、天天富互联网金融服务、收付易、商信通支付信息服务、IDC托管服务、全国海关税费电子支付系统、银联商务营销联盟、网上商城、天天富互联网金融服务（ERP）、系统集成外包服务、商户信息管理系统、签购单广告、商盈通、容灾服务、云平台、商户信息管理系统、自贸区信息化系统、外汇通在线购付汇平台、金融POS专业化服务、MIS-POS收银一体化服务、货运险一站式服务平台、电子商务、互联网金融：股权众筹
		行业解决方案	POS收单服务、P2P账户系统托管、云财富理财服务平台、天天盈基金理财、物流解决方案、电子商务平台、互联网电商交易、产业链与实务贸易、航旅票务预订、生活服务于虚拟物品交易、基金交易系统、航空票务系统、彩票服务系统、保险、保险电子认证平台、交警电子认证系统、移动支付平台网贷业务平台、移动电信、汽车租赁、批发、酒店、电子商务
		典当企业	房产、汽车、财产股权、中小企业、民品
		小额贷款公司	1.上班族贷款：装修、结婚、旅游、购车；2.经营贷款：资金周转、创业贷款、扩大经营；3.购房贷款；4.购车贷款：免息购车贷、家用新车、家具家电
		融资性担保公司	吸收存款、发放贷款、受托投资、受托发放贷款、监管部门规定不得从事的其他活动
		融资租赁公司	直接融资租赁、售后回租、杠杆租赁、联合租赁、委托租赁、转租赁

3. 金融创新产品特征

金融从本质上来说是一种服务，金融行业是服务业。因此，金融产品也具有服务的本质特质，即无形性，顾客在购买使用金融产品的时候只看到金融服务的形式看不到金融的本质属性，金融产品的无形性决定金融产品难以衡量、评价困难；生产消费同时性，金融产品的本质——服务的生产与消费是同时进行的，金融产品的生产和消费不能分离；易逝性，金融产品的无形性决定了金融产品不能存储，生产服务能力强的企业不能像生产有形产品一样生产金融产品将来销售，只能增强自身提升金融服务的各种能力。

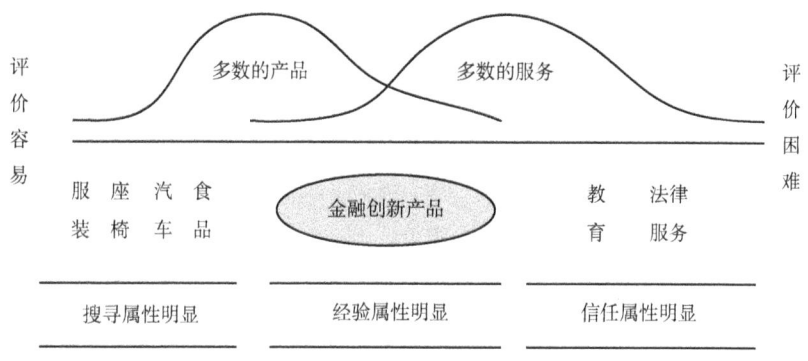

图 3.1　金融创新产品属性

同金融产品相比，金融创新产品除了具有无形性、生产消费同时性和易逝性等一般特征之外，还具有以下 5 个方面的特点：

（1）技术依赖程度高。建立在计算机、信息技术基础上的金融创新产品技术依赖程度必然很高，不论是银行、证券、保险、信托等一般金融机构，还是金融代理、经纪公司，或者是非银行业金融机构，其要在金融行业建立自己的竞争优势，开展业务活动，必须依赖现代网络技术、信息手段，打造自身基础设施。网络技术的使用加强了金融业的信息特征，使得金融业务更加具有虚拟化特征。无论是面向个人的理财产品、支付手段，还是面向企业的融资、投资服务，或者是功能众多的行业解决方案，其产品或服务都是基于计算机网络技术建立起来的。其他代收、代付、教育、旅游、家居、三农以及各类理财产品，无不依赖现代网络技术。因此，金融创新产品的技术依赖程度比传统金融产品程度上要高、类型上要复杂多样。

（2）集成化趋势明显。建立在网络技术长的金融创新产品，尤其是面向企业的行业解决方案、一站式服务平台,紧紧抓住用户需求,设计、生产、服务供给与消费、质量跟踪等,极大地满足了相关用户的支付、融资、投资以及安全需要,一方面极大地满足了相关行业的发展需要,也促进了金融企业自身的发展壮大。收单管理、支付平台、账户系统、商务平台等满足了物流、保险、租赁、酒店、通讯、批发零售等行业的支付、安全需要,基金理财、交易系统满足了通讯、银行业自身的支付、安全、投资需要,最终促进了产业结构调整和经济总量的提升。此外,个人使用的金融创新产品,无论是支付手段、理财平台,还是投资工具,或者风险防范手段,如账户管理、操作平台、转账交易工具等也越来越多地出现了集成化的趋势。

(3) 经验信任性特征强。金融创新产品具有无形性,决定了其难以评价。金融创新产品不能像有形产品一样可以主观感受,用户一般基于自己的经验或出于对某个金融创新产品生产、提供、服务者的信任而进行选择购买和使用,金融创新产品的经验和信任属性明显。金融创新产品往往是新近出现的,在形式、功能等方面与传统金融产品差异很大,用户一般难以评价其是否能满足自身的支付、理财、融资、安全等金融需要。因此,用户会以自身的历史经验,通过结合周围朋友或者金融环境做出自己的选择,用户选择购买、使用金融创新产品是基于对其信任的基础上。金融创新产品其本质属性还是服务,服务的本质属性是信任,因此,金融创新产品具有信任属性。然而,金融创新产品这种服务往往需要转移或者借助有形的设备、工具、说明等取得用户的信任,金融创新产品具有产品和服务的双重属性,金融创新产品的经验属性也比较明显。

(4) 便民服务理念鲜明。所有的金融创新产品都是在杠杆或者支持杠杆的实现上进行的努力。只有基于信用基础的金融创新产品杠杆比的实现,金融机构或非金融机构自身才能满足消费者需要,从而占有市场,创造价值实现企业的生存与发展。基于客户需要的金融创新产品,服务理念越来越重要。对于面向个人基础服务的存款证明、存款转存产品是这样,对于基于各类需要的贷款、留学、缴费等金融生活是这样,对于面向企业的支付结算、现金管理、交易业务、投资理财、托管、小微企业、国际业务,金融创新产品无不是方便用户使用、满足用户群各类需求。金融创新产品在非金融机构经营的代收、支付、还款、缴费、账户管理、开放性平台等领域体现得更为明显。可以说,金融创新产品更为深入人们的生活,满足用户各类需求。

(5) 衍生种类复杂多样。前文所述,如果仅仅按照主管单位看,金融创新产品分布在中国人民银行、银监会、证监会、保监会及其他金融管理机构管理下的相关领域，主要有银行业、证券、保险、互联网金融等主要金融领域的产品与服务；如果按照金融创新产品服务的对象的差异，金融创新产品又有面向个人、企业、银行之间、各类金融服务平台等主要分类；从金融创新产品满足用户的基本需要看，有支付、理财、融资投资、安全流动等。这是简单的划分形式，如果从金融创新产品的具体内容看，可以说种类更为复杂、形式更为多样。金融创新产品在传统金融的基础上，结合人们的消费、储蓄、投资等需要，在实践中呈现出百花齐放百家争鸣的状况。需要清醒的是，由于技术含量的相似性，金融创新产品也出现相互参考、雷同的情形。这是金融创新产品与服务提供者需要注意的。

3.2 金融创新产品质量

用户最基本的金融需求有支付、理财、融资、风险管理等。金融创新产品质量是指金融创新产品的流动性、盈利性、安全性及金融服务等的综合效能水平。金融创新产品质量的优劣就是金融创新产品的流动性、盈利性、安全性及售后服务等方面的综合水平的高低。

全面质量管理（TQM）是一种全方位、全过程的质量管理。金融创新产品由包装、流动、盈利、安全、服务构成。金融创新产品质量按产品生命周期可划分为产品设计质量、产品包装质量、产品运作质量、产品服务质量四个部分。

1. 产品设计质量

根据国家有关政策法规，金融产品设计者在市场调查的基础上，了解用户需求，对金融创新产品的类型、特征、监管、信息披露及服务等方面进行界定和设计。金融创新产品的设计包括核心产品的设计与外延产品的设计。核心设计是指对能够满足用户金融创新产品的支付需要（流动性）、投资理财及融资需要（盈利性）及风险防范需要（流动性）的设计。外延设计是指为核心产品提供支持与服务、咨询等方面的设计。金融创新产品设计质量从根本上决定了金融创新产品的生命力。

2. 产品包装质量

金融创新产品与传统金融产品一样具有无形性，但仍然具有包装与包装质量。金融创新产品的包装是其给予人们对存在的事物的一种感官、视觉上能体现和说明金融创新产品特征的一系列说明、工具、图片、标志、广告等。随着金融创新产品的不断衍化，其种类层出不穷、内容日益复杂、知识含量日益提高，金融创新产品的包装质量日益受到重视，广大用户也越来越依赖产品包装去直观衡量产品质量。包装质量越来越多的对金融创新产品认同产生重要的影响。

3. 生产运营质量

规划好了的事情不一定能够实现。彼得德鲁克认为，任何需求在没有被"创造"出来之前都是不存在的。即金融创新产品在没有生产出来之前，市场即使存在也无法转化成利润。生产运作对于金融创新产品价值的实现至关重要。金融创新产品提供者运用满足用户支付需要、理财需要、融资需要、安全需要的过程就是金融创新产品的生产运作过程。要满足支付需要、融资需要、理财需要及安全需要，就要对市场上的产品、价格、渠道、促销进行管理，其过程的优劣就是生产运营质量。

4. 产品服务质量

金融创新产品服务质量是金融创新产品质量的重要组成部分。虽然金融创新产品设计、包装、生产、运营过程就是其服务过程，但这里要着重强调金融创新产品的客户服务内容。金融创新产品的客户服务质量就是金融创新产品服务质量。金融创新产品服务主要是在生产运营过程中涉及的咨询、信息披露、市场跟踪、客户维护等内容。在现代金融业竞争日趋激烈的时代，产品服务质量越来越占据着日益重要的地位，在这方面国内与国际先进水平相比还存在较大差距，是未来金融创新产品提供者着力做好的领域。

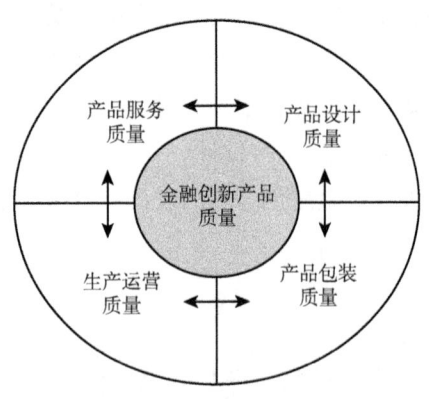

图 3.2　金融创新产品质量

3.3 金融产品创新存在问题

科技创新是企业提升效益的重要手段,也是转变经济增长方式的重要途径。目前我国金融市场发展还不完善,不少金融机构对创新不够重视,资金投入不足,缺少客户需求导向的市场思维,相互模仿导致产品同质化现象严重,不利于企业效益的提升及获取持续竞争优势。我国金融创新产品与过去相比取得了一些进步,但由于历史和现实的种种原因,仍然存在以下不足之处:

1. 管控过严,创新缺少自主性

许多金融机构未将金融创新提到应有的战略高度上来认识,未真正把金融创新作为银行求生存、求发展的关键环节来抓。多数银行仅仅将金融创新业务作为一种补充和推动传统业务发展的策略性行为,尚未充分认识其对于转变经营模式、增加银行利润的重要意义。一般而言,金融创新动机一般有两个:一是追求利润,从创新中谋利;二是规避管制,增加经营的灵活性。然而当前我国金融创新的动因有所偏差,金融机构创新的微观动机则偏向于在无序竞争中抢占市场份额,出现了许多不计成本甚至负效益的金融创新。

我国金融监管当局直接干预产品进入市场,一发现风险会直接限制。只有符合监管当局的要求和政府的阶段性安排,创新才成为可能,很大程度上影响了金融机构进行创新的积极性和效率。金融产品创新的外部环境较差。金融产品创新需要适宜的金融环境、相对宽松的金融管理体制,而我国目前在金融管制方面、经济环境方面、金融业自身的经营机制方面,都存在着制约金融创新的种种障碍。我国金融机构在金融产品创新的过程中受到诸如利率、汇率、经营范围和资本市场等方面很多的限制,金融机构的金融产品创新行为受到诸多制约,金融机构丧失了金融创新的主动权。我国金融市场秩序尚未完全建立,金融体系仍存在较大程度的行业垄断。明显的有利地位使得创新动力不足,不利于推进整个金融体系的金融产品创新。金融业"分业经营,分业管理"体制限制了金融机构新产品开发的空间,产品创新只能在传统的业务内进行低层次的"改良",而不能在更高层次的范围内进行现代意义上的金融产品创新。由于中国人民银行、银监会、保监会、证监会互不隶属,地位上的平等关系决定它们之间难以真正协调。

2. 战略模糊，创新定位不准确

金融机构战略定位不科学，战略分析不完整，缺乏在充分市场调研基础上的科学定位。市场定位对企业来说非常重要，因为它将决定企业能否利用好其自身的资源获取商业上的成功。从产品管理实践来看，金融机构往往是以产品为中心，而不是以客户为中心，缺乏为客户创新意识，创新出来的产品并不一定是客户所需。产品的开发和改进往往是基于金融机构局部利益出发，对客户需求缺乏必要的细分和整合，缺乏具有前瞻性和吸引力的金融产品。日新月异的科学技术和激烈变化的市场为金融产品创新提供了广阔的空间，但却难以为客户提供一套系统的解决方案。尽管金融业在不断推出各种创新产品，就总体而言仍缺乏清晰的战略思路。金融机构市场定位不准确的情形比较普遍。此外，缺少对客户的研究，市场营销活动不成功，未对目标客户群提供个性化服务，导致客户满意度和忠诚度都比较低，最终企业市场活动事倍功半。

3. 开发缓慢，创新流程不规范

目前我国金融机构的大多数的金融产品都是在西方国家的金融产品的基础上加以改造的，从整体来看我国金融机构金融产品的创新发展还是相对较慢。虽然政策的开放使我国金融机构在中间类金融产品创新上有一些进步，但是整体还是处在较初级的阶段，国外市场早已普遍应用了电子化技术产品，我国还在不断探索。金融创新机制不完善，效率低下。创新提出的方案可行性差，同时缺少可考核性。由于涉及上的不科学，造成用户需要难以满足。同时由于企业创新流程不规范、不顺畅，企业技术创新部门与市场业务部门之间沟通不足，市场产品（服务）一旦出现问题就相互推诿、相互埋怨，增加内部消耗，影响团队凝聚力。部分金融机构开始采用正式的开发流程开发金融创新产品，但大部分金融机构产品开发流程管理仍不规范，没有独立的开发团队，有些开发步骤也是形式上的没有落到实处。未来政府主导的创新将逐渐向市场主导创新过渡，金融创新规范化要求越来越急切。

4. 模仿性多，创新层次性较低

西方金融机构在遵循国家政策的同时，立足客户需求，主动挖掘市场，获得了良好的经济收益和市场经验。我国正处于经济体制改革过程中，一些金融机构管理者难以转变观念，产品创新缺乏活力，定位趋于一致，也使得各企业产品种类、结构及服务功能大同小异。一方面导致金融机构同质产品竞争激烈,利润率降低;另一方面导致金融机构部分产品闲置,造成资源的浪费。此外,由于创新的机会成本较高,我国金融创新产品提供者创新过分依赖模仿国外或国内领先的创新。现有的金融创新产品基本上是由总行设计,然后推广到各地区分行,产品地区的差异性较小,也是造成我国金融产品同质化的原因之一。金融机构产品创新原创性的创新少,舶来品较多,缺乏具有金融知识产权的金融产品。金融机构重视原发性创新不够,绝大多数创新产品实质上是从国外移植和克隆过来的,缺乏特色。创新产品技术含量严重不足。大多数金融机构和平台所推出的创新产品大多是在资产业务、负债业务和中间业务等传统业务的改进,缺乏债务工具类创新、复杂的衍生金融产品创新和组合金融工具创新。现有创新产品开发基本停留在以争夺市场份额为重点,对于既有金融机构的利润结构难以产生实质性影响。

当前我国金融机构普遍存在产品同质化现象。负债类业务创新多,资产类业务创新少。一方面,不少地方或分支银行都缺乏主动意识,依赖于总行进行开发和创新,而自己仅是对总行规定的新产品进行推广,并不进行自主创新。另一方面,现阶段我国尚缺少对创新产品进行知识产权法律保护的措施,这往往造成一种新产品开发出来后,很快被其他银行仿效,使得产品最初的开发银行预期利润降低。这也成为各银行不愿将过多的精力投入到自主创新中来,进而导致产品同质化现象比较严重,造成银行业金融服务的广度和深度都还不够,制约了金融机构金融产品的发展。此外,由于金融创新主体素质不高,创新的内容比较肤浅,手段也比较落后。

5. 起步较晚,创新平台环境差

所谓平台环境,是指组织结构、企业文化、硬件系统设备和管理信息系统。金融产品创新过程相对较为复杂,需要银行各种平台型资源的稳定支持。我国金融创新产品的基础平台建设相对较为落后,金融机构仍未形成产品质量企业文化意识和质量管理理念。金融机构缺少网络化的产品知识储备库、客户关系管理数据库为业务营销以及产品研发提供数据支撑,缺乏规范的产品跟踪和评价体系与产品维护机制。现阶段社会信用环境较差,缺乏完整的个人信用基础数据库和企业信用数据库。各种客户资源数据库、金融产品创新风险数据库建设明显滞后,客户的基本面数据、客户的财务数据、客户的行为特征数据、客户的行业环境数据、客户的征信数据等数据建设落后。我国金融监管机构缺乏完善的产品监管信息系统和各类监管数据库,缺乏科学的风险预警指标体系,对金融机构实施严格的非现场检查也很少使用先进的报表分析软件进行分析。

首先，我国金融体系在一定程度上仍然属于垄断行业，无论在机构数量、从业人数还是资产负债规模等方面国有金融机构都占有垄断地位，不利于金融创新。其次，我国的金融管制相当严格，实行分业经营和管理，并且对创新产品审批比较复杂，一定程度上抑制了金融创新。再次，由于体制上的原因，在自主经营、自负盈亏、自担风险和自我约束、优胜劣汰的机制方面还存在一些不足，这就使得金融机构缺乏金融创新的内在动力和外在压力。同时发展中国家的居民的收入水平和消费水平普遍较低，超前消费意识和投资理财意识淡薄，对金融创新产品的有效需求不足，使得金融创新缺乏良好的市场环境和经济基础。

6. 整合度低，创新体系不完善

我国金融产品的创新关注了产品本身而忽视了客户的需求。还有一些金融机构的产品主要以提高知名度来进行创新的，只关注了知名度忽视了产品的经济效益及是否是客户所需要的。不能将自身利益与客户需求相结合，这样创新出的金融产品缺乏市场前景。在激烈的市场竞争中各个银行为了占据市场，也在不断推出新的金融产品，加上科学技术的快速发展也为金融产品的创新提供了良好的发展平台，但客户的要求也在向多元化发展，因此只有不断加强产品的整合力度，达到客户的满意才能推动金融产品的不断发展。

目前西方的金融机构在产品创新方面已经比较完善，西方注重全方位的创新，对资产类、负债类、中间业务等全方面创新，这样既能改善银行资产与负债的结构还能增加收益。而我国金融产品创新的体系就相对较差，只重视了负债类忽视了资产类，即使在创新的资产类金融产品中还是缺乏收益高风险低的产品。而且在金融机构中创新的产品占整体业务的份额较少，无法发挥改善资产与负债结构的作用，更是缺乏规模性。此外金融机构创新的金融产品只是侧重了某一方面，无法发挥出金融产品应有的市场作用。

第4章 金融机构产品创新的机制

在国内,关于金融产品开发方面的研究,大多针对某种具体金融产品的设计和定价,金融产品定价理论以引用国外研究成果并对其进行改进较多,而金融创新产品开发流程研究的研究则较少。金融创新形成机制认为,当环境状况发生改变,产生了对金融创新的激励,通过研究人员、金融从业人员、政府工作人员等相关人士的研究,最后生成金融创新的整个过程。金融创新的扩散过程即除金融创新源以外的企业采纳金融创新的过程和企业采纳金融创新后产生的结果。金融创新的扩散是金融创新过程中重要的一环。

4.1 金融机构产品创新的主体

前文所述,金融机构产品创新是金融机构的研发设计管理人员在高层管理者的支持与领导下,在市场研究的基础上基于用户需要的某些特征对金融产品做的创造性活动。金融机构设计研发管理人员负责业务创新,对产品创新流程进行整体设计,对产品功能进行开发与改进,同时负责产品移交后的内部运作与管理。金融机构营销人员面向用户提供销售服务,展开产品的功能、价格、促销、渠道等营销活动服务。其他创新支持人员提供产品创新的资源支撑、数据服务、技术跟踪、法律规范、品牌维护等。可以发现,金融机构产品创新的直接主体是金融机构的研发设计管理人员,也离不开其他人员的业务支持与配合,如图4.1所示。

金融机构类型较多,主要有银行业、证券、保险等,还包括其他非金融机构如第三方支付等。按照金融机构管理部分可分为中国人民银行、银监会、证监会、保监会及其他金融管理机构。表4.1显示了金融机构的主要类型,可以发现,金融机构种类繁多,而金融创新产品是金融机构研发设计管理人员的创新性活动,其种类更是复杂多样。

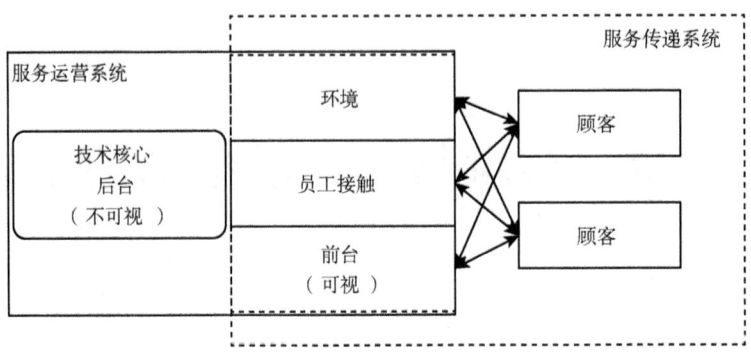

图 4.1　金融创新产品生产系统

表 4.1　　　　　　　　　　金融机构类型

领域	单　位	主要业务	牌照
银行业	商业银行、政策性银行、农村合作银行、农村信用合作社、村镇银行	储蓄、信贷	银行
	信托	各类信托	信托
	金融租赁公司	融资租赁	金融租赁
证券	银行、基金、证券、第三方理财公司	发售基金份额	基金销售
	第三方支付机构	基金销售支付结算	基金销售支付
	证券公司	证券承销与保荐、经纪券投资活动	券商
	基金管理公司	公募基金、机构业务	公募基金
	基金子公司	类信托业务	基金子公司
	期货公司	期货交易	期货
保险	保险公司	财险、寿险、万能险	保险
	非金融机构	网络支付、预付卡发受理、银行卡收单	第三方支付
其他	典当公司	典当业务	典当
	融资租赁公司	外商、内资融资租赁	融资租赁
	小额贷款公司	无抵押贷款、抵押贷款受贷款	小额贷款
	融资性担保公司	贷款担保、信用证担保	融资担保

4.2 金融机构产品创新的过程

金融机构的产品创新一方面是在利润驱使下,另一方面是在风险规避下进行的市场商业活动,从基于用户特征分析开始,提出新的概念,将产品要素进行合理组合,提供市场上没有或比过去产品更好的新产品。金融机构产品创新活动,是产品设计、开发、销售和服务活动的总和。

经过调查访谈发现,金融机构的产品创新流程包括环境分析与评估、产品计划、产品设计与开发、市场试点与产品修改、市场实施、产品评价与优化等六个环节。如图 4.2 所示,从分析企业市场环境出发,确定企业战略、竞争战略,了解市场消费者需求特点,对企业自身产品进行准确定位,做好产品计划,从人员、财务、市场、时间、效果等做好规划,进而开展市场营销活动,在产品、价格、渠道、促销等方面不断扩大市场占有率及利润增长率,不断发现和解决市场上出现的各种问题。可以说,金融机构产品创新的过程就是不断发现新问题、解决新问题的创造性活动。中间伴随着各个部门的参与和配合,任何环节出现问题都有可能会影响金融创新产品的质量,从而影响金融机构产品创新的效果。

金融机构产品创新活动,是金融机构研发设计管理人员的探索性活动,有探索就有风险。因此,不能确保每一次创新活动都会取得成功。科学把握金融机构产品创新的流程及其问题,对于金融机构市场投入活动转化经济社会效益具有重要意义。以下从过程视角分析把握金融机构产品创新的流程问题。

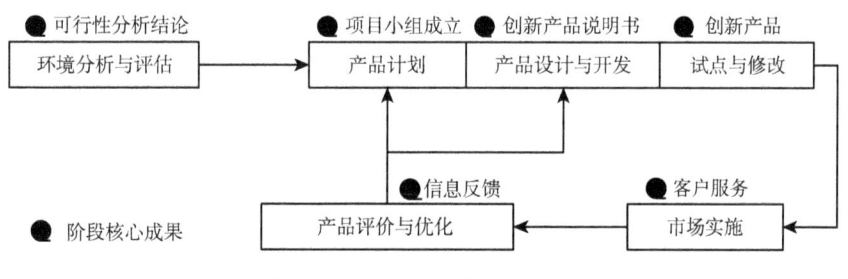

图 4.2 金融产品创新流程图

1. 环境分析与评估

当前金融机构产品创新还面临着外部环境、内部机制等诸多问题的影响，科学分析各类影响是制定产品创新计划的开始。金融机构产品创新从环境分析与评估开始，收集个人用户、企业用户、竞争对手等信息资料，主要对市场环境、企业内部环境与竞争对手进行分析与评估。

（1）市场调查与分析。

市场调查活动指金融机构进行产品开发之前进行市场调研，了解宏观政治法律、经济、技术、社会文化等方面的政策，把握顾客的潜在需要，根据市场需求进行产品设计与开发。金融机构需要选择合适的市场范围，选取合理的调查样本收集数据，从而确定市场上用户对金融产品的需要。市场调查是企业制定产品战略及产品定位的基础，只有做好市场调查，才能准备把握用户需求，制定科学的产品开发计划，确定创新需求是否合理、创新难度大小等，提高产品开发成功率。建立在充分调查基础上的需求分析，通过界定用户规模及特点，为产品设计与开发奠定坚实的基础。

（2）企业内部环境分析。

市场环境分析之后还要做企业内部环境分析，对企业要达到的市场目标，根据自身是否具备人才、技术、资金、管理等方面的特征是否具备进行考察。企业的竞争优势是建立在资源、能力基础上的。金融机构选择要服务的目标市场，科学表达企业市场定位，必须基于企业的各种资源和能力。金融机构要基于自身的资源能力状况选择要服务的目标细分市场；对选择的目标细分市场进行详细表述，从市场规模、财务状况等进行量化分析；对市场、技术进行评估，预测可能遇到的困难，考察企业在各个阶段遇到的市场、技术问题如何解决。

（3）竞争者分析。

环境分析不仅要分析市场上顾客的需要，细分用户市场，分析企业内部资源能力状况，还要考察竞争对手的情况，确立自身的优势和劣势，最终确立自己的市场定位。在市场经营的各个环境，企业无法忽略竞争对手独自开展经营活动，金融企业也是如此。通过 SWOT 分析确立自身的竞争优势、劣势、危机、转机。由于国内金融产品创新存在很大模仿性，因此，金融机构必须考虑竞争对手的状况，做好技术研发和服务，做好差异化经营，建立自身的持续竞争优势，具体如图 4.3 所示。

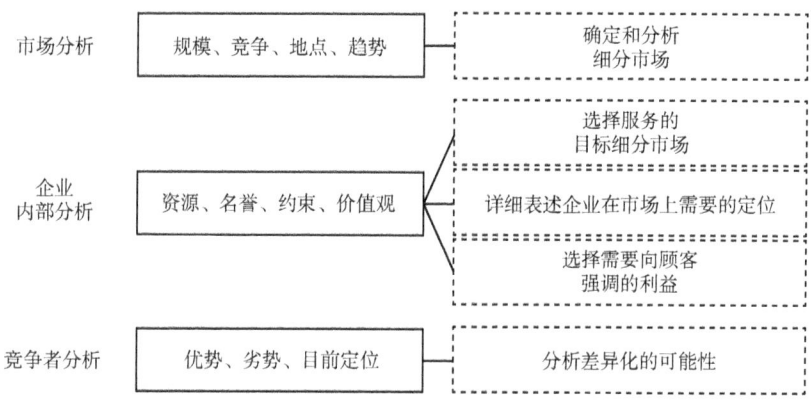

图 4.3　企业市场定位战略

2. 产品计划

任何好的研发创新都从计划开始，只有计划好了事才是容易实现、容易考察的。研究发现，影响金融创新产品开发成败的关键因素有：科学的产品开发流程、有效的资源配置、关注计划执行质量、做好计划准备工作、做好客户意见反馈、利用协同提高资源利用率、客户导向做好服务推广。由此可见，金融创新产品计划是产品设计开发的基础。金融创新机构管理人员需要在前期市场调查分析的基础上，界定创新范围、组建创新项目团队、梳理创新流程及做好相关流程中的风险防范问题，在研发、生产、运营、财务、服务等做好人财物等方面的设计与配置。产品创新计划主要做好以下工作：

（1）设计科学的创新流程。

流程是企业开展创新工作对工作内容的先后顺序进行的布置与安排。科学的流程是创新成功的基础。金融机构需要在市场充分调研的基础确立经过市场检验和科学论证的规则，然后依据规则逐步展开。同时，金融机构流程设计人员需要明白对流程中的工作关键影响因素进行预测，并做出合理的对策。

（2）确保创新流程的实施。

规范的创新流程还需要科学的执行与实施，准确执行创新流程是创新产品计划成功的保证。实践中，金融机构高层制定科学的创新流程与规范，下属机构在执行过程中往往走样而影响金融创新产品的质量。有些金融机构创新流程设计得很好，但由于缺少流程执行的监督管理部门或人员，致使金融创新的结果不尽人意。因此，科学的流程需要准确的执行与实施工作来保证。

(3) 对风险进行合理控制。

有创新就一定会有风险。创新流程设计必须考虑其中的风险问题。调研发现，实践中金融机构管理人员在流程设计中考虑到风险控制问题，但对于风险的防范控制及可行性建议考虑不足，加大了金融创新的风险。

总之，产品开发流程设计、流程执行与风险防范计划，很大程度上决定了金融机构产品创新的成功率，金融机构管理设计人员不得不重视。

3. 产品设计与开发

产品设计与开发是将企业创意、理念付诸实践的行为，包括对产品在功能、包装、使用方法、价格等方面进行操作性处理。产品设计需要考虑产品总体状况、流程、运行、技术及实物等方面，对企业要满足的客户需求特征进行规范化操作，中心环节是定价。企业在考虑用户需求特点的基础上，对产品可以采取成本定价、需求定价、竞争定价等多种策略。由于我国金融机构的产品创新很大程度上受到政策规定的限制，政府干预性很强，因此金融机构的产品创新设计与开发一方面需要考虑政府政策的要求，另一方面还需要考虑到竞争、消费需求的需要。

产品设计与开发以用户需求为依据，将需求通过编码而转化为具体创新产品和服务。产品设计与开发过程，依赖于设计开发人员对创新产品需求的理解。此外，实践表明，产品开发过程中的组织不太规范，各个职能部门缺少沟通，间接影响了金融创新产品的顺利进行。因此，产品设计与开发还需要相关人员增进沟通，相互配合。

4. 试点、修改

企业规划设计好的产品或服务形式，在实践中不一定能像预期一样取得成功，因此，金融创新产品的试点与测试就是一个检验产品设计和开发的过程。金融机构通过制作产品实物、配置设施设备，实施模拟测试，并对测试中出现的问题，结合前期的产品计划与设计给予调试。产品试点的过程是在产品全面推广之前对部分顾客群体进行试验，从而检验产品计划和产品设计是否科学合理，为全面推广产品奠定基础。产品开发的试点与修改包括过程设计测试与系统设计测试，即对产品开发过程中的各个环节进行测试和对系统进行测试。产品试点是创新产品投向市场前的紧前作业，对市场实施环节的决策有重要影响。产品试验人员需要了解业务创新内容，以及试验目的与注意细节，对创新产品各类内容对照预期标准进行检验。对于出现的与产品计划出入较大的地方进行记录并科学分析，做出是否修正的决策。最终一旦完成产品试验与修正，决定投向市场前，还要做好财务和商业性分析，进入到产品推广实施阶段。

5. 市场实施

在创新产品市场试点之后，就是产品市场实施阶段，即企业将产品推广到更广泛的市场的过程。企业全面执行产品计划，通过制定和实施市场营销战略和策略，并培训企业市场产品实施人员，做好信息收集工作。

（1）制定营销策略，使得产品实施有章可循。

科学的营销策略是企业市场产品营销活动成功的保证。企业在设计差异化产品并试验成功的基础上，通过科学的制定价格、选择渠道与促销方式，不断实现企业的经营目标。在价格上可以选择成本导向、需求导向或竞争导向等方法，在渠道上有网络、实体等方式，在促销策略上有广告、人员、销售促进及公共关系等。在金融创新领域，没有固定的方式可以遵守，企业应该探索自己的营销方式，不断创新。

（2）做好人员培训，确保产品计划贯彻落实。

企业所有的创新与实践都需要员工来实施，企业竞争的本质是人才竞争。在研发设计领域需要人才，在经营管理领域照样需要各类人才。企业应该对开展市场营销活动的人员尽心培训，充分了解产品性能，增强沟通技巧和服务意识，不断提供服务水平。

（3）收集市场信息，为产品质量评估做准备。

企业在经营的过程中，一线工作人员及市场跟踪人员应不断收集和分析市场产品与顾客信息，通过分析客户满意度等指标，不断提高服务水平。此外，收集市场信息也是产品质量评价的基础。

6. 产品评价及优化

产品或服务销售出去并不是营销的结束，而是营销的开始。产品或服务表现如何，企业并不一定清楚。因此，企业需要收集客户使用信息，分析客户满意程度，不断提升产品质量，对产品质量存在的问题不断优化和改进，提升企业产品竞争力。实践中，由于金融机构对创新的重视程度不够，对创新投入后的数据收集、服务跟踪工作做的也很不足。金融机构应该加大资金投入，应用信息技术，建立用户各类信息数据库，及时发现问题，改进产品质量，提升企业竞争力。

4.3 金融机构产品创新的形式

金融机构创新的结果就是其向市场提供的金融产品及服务。由于金融创新产品包含的内容多种多样。按照金融创新产品满足用户需要的形式来分，金融机构向市场提供的创新产品（服务）主要包含三个层次，如图 4.4 所示。

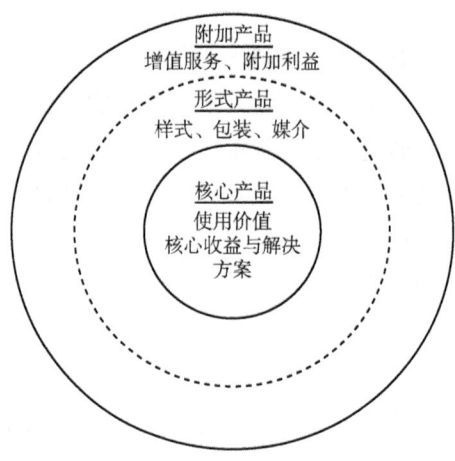

图 4.4　金融创新产品层次

1. 核心产品

核心产品是金融创新产品整体概念中最基本、最主要的部分。由于金融产品满足的客户需要主要有支付需要、理财需要、融资需要及安全需要，因此金融创新产品的核心内容是传递顾客寻求的核心收益与解决方案，即金融创新产品给用户带来的基本利益和效用，即产品的使用价值，这是用户真正需要购买的东西。然而，现实中核心产品基本上都商品化了，即核心产品往往需要连接在形式产品上面，所以，各类金融机构或非金融机构所提供的产品差异主要体现在形式产品（服务传递流程）或附加服务上。

2. 形式产品（传递流程）

金融机构创新的形式产品是指金融机构如何将核心产品和附加服务要素传递给顾客。形式产品是核心产品的支撑性内容，形式产品对于核心产品的使用、服务传递过程有所帮助，一般包括产品包装服务、信息服务、订单处理服务、账单服务、付款服务及其他服务等。

3. 附加服务

附加服务用来支持和增强核心产品，是顾客购买产品时所能得到的附加服务和利益，又叫增强型附加服务。附加服务可以增加客户价值，一般包含咨询服务、接待服务、保管服务、特殊服务及其他服务等。

可以发现，如果要提升金融创新产品质量，所有的产品形式及附加要素都需要表现良好，某一个要素的缺陷将会影响产品的整体质量。

案例一：建设银行金融产品创新流程

公司、个人银行、投资与理财业务条线产品经营部门为所在业务条线创新和优化产品的部门，负责产品创新流程的整体实施运作，实施产品研发与改进，负责产品移交后的日常内部运作与管理。

销售部门为所在业务条线面向客户提供产品的部门，负责产品移交后的日常面向客户的销售与服务。

中后台部门负责提供产品创新的人财物资源、数据标准、风险管控、技术实现、后台营运服务、法律合规、产品品牌、客户之声、产品创新试验和流程运行规范等方面的支持。产品创新流程：

（1）创意评估阶段对所收集的产品创意通过内部评分、外部测评进行优先级排序，选取最佳产品创意审批立项，启动产品创新项目。

（2）任务确定阶段定义项目目标范围，组建项目组，开展客户之声定性研究和产品竞争性评估，开发产品描述，设置项目关键质量特性指标，对项目进行概要风险和财务评估，进行阶段评审。

（3）需求分析阶段开展客户之声定量研究和收集内部流程用户之声，进一步完善产品描述，提出产品销售、执行和服务流程框架，编制流程、人员和技术方面的业务需求，提出主要设计概念，进行财务敏感度分析，实施财务和风险再评估，进行阶段评审。

（4）方案设计阶段开展产品总体设计、流程设计、运行设计、人员设计、技术设计和实物设施设计，提出测试计划，预测设计达到的能力，确定产品描述，吸取客户和利益相关者对产品设计的意见；开展产品市场营销计划、员工就绪计划、监控计划、试点计划、实施计划的设计；实施风险和财务再评估；进行阶段评审。

（5）构建测试阶段编制产品规章制度，开发相应配套手段；制作产品实物，配置设备设施；实施模拟测试；支持系统构建和测试；开发产品推出所需的市场营销活动、销售服务活动、内部沟通活动、员工培训活动；制定详细实施计划和管控规定；完成客户体验测试或产品试点；进行阶段评审。

（6）产品面市阶段全面执行产品实施计划，向客户市场推出产品；转入产品监控，评估差距，适度改进；再进入产品稳定期，由产品经营部门持续监控；最后平稳移交产品，进行阶段评审，项目结束。

案例二：渣打银行金融产品创新流程

渣打银行（中国）有限公司设有专业的产品研发团队，并制定有相应的金融产品创新流程，这一产品研发团队与其他部门如营运部门、信贷部门、法律部、合规部等通过合作，根据我行的发展整体战略进行产品的研发创新。产品研发团队目前以现金管理、贸易融资、跨境人民币为主，产品的研发基于客户需求、业务部门的反馈及其他因素综合考虑来进行。

以下为新产品的发起到立项至投产所涉及环节的简要说明：

（1）产品研发部门产生新业务或新产品意向后，首先与合规部门进行初步沟通以确定该产品从监管角度来说是合法合规的产品。合规部门如有需要，可与相关监管机构进行沟通确认。

（2）如新业务在监管上无限制，则业务部门需确认该新产品是否在渣打银行集团层面已获授权，是否符合全球化标准模式。完成该确认的方式主要通过参照集团产品说明书 Product Program（PG）来确定。

（3）随后，新产品进入渣打中国内部审批流程。业务部门需检查该新产品是否对现有流程产生影响，是否需要对现有的本国产品补充说明 Country Addendum（CA），进行修改更新。期间，如果该产品需要履行监管审批或报备流程，则应该同时进行。

（4）产品补充说明更新由业务部门负责。其内容包括但不限于产品结构特点阐述、业务操作和风险控制流程、操作系统、监管报表、税务等。业务部门将更新后的产品补充说明发送到各相关业务支持部门审阅，并在此基础上召开会议向支持部门解释新产品的内容、流程、风险，同时接受咨询。

（5）各相关业务支持部门对产品补充说明进行专业化审核及批复。审核重点包括但不限于交易记录方式及流程、风险评估、法律文件的完备程度、定价及市值重估、交易结算及清算、会计记录和监管报告、本地化和合规化。

（6）产品补充说明经各业务支持部门审阅并获得所有部门的批准后方可成立，且在此基础上新业务、新产品才可开展。如该业务或产品需要履行监管审批或报备程序，在相应程序未完成之前，合规部不会批准产品补充说明。

（7）各部门应同时建立或更新相关业务操作流程，以确保内控要求真正落实到日常业务处理流程中。

（8）渣打银行对新产品的事后评价主要通过产品补充说明执行情况的定期检查来进行。检查的方式包括集团合规部门的定期检查和内部审计专项审计。检查重点包括新产品在日常操作中是否按照审批的流程执行，是否存在风险等。

案例三：太平人寿保险金融产品创新流程

中国太平经营区域遍及中国内地、港澳、欧洲、大洋洲、东亚及东南亚等地区。在产品开发方面，能够汲取国外最先进的经验，结合中国的国情，制定保险产品的创新流程。保险产品在真正售出之前只能视为刚刚结束的纸面设计；售中的核保、售后的保全，以及理赔服务等过程同样包含了产品的生产制造，保险产品正是通过这些操作、服务得以体现，实现不同领域的创新要求。由精算部牵头，合规部、法律部、后台营运部、业务部等其他部分共同组成专业的产品研发团队。具体产品创新流程如下：

（1）环境分析与评估，选定目标市场。保险公司经过比较选择，决定作为销售对象的市场。目标市场可以是整个市场，也可以是通过年龄、收入、教育水平、消费偏好等标准细分的某个特定市场。根据市场选择客户群体，分析其存在的风险，调查客户的购买能力，预测市场的销售潜力，研究有效的销售渠道，评估市场同类商品的经营情况，判断谁是可能的竞争者，清楚公司的商品策略，掌握公司的财务状况，确定商品名称。

（2）建立精算假设，进行定价计算。确立精算假设是商品定价前的准备工作，主要内容是从精算的角度对商品定价的各种基本因素做深入分析、比较，最后确定出各种定价因素的基本数值。选择商品定价方式，进行定价的计算，修正计算结果，征求相关部门意见。

（3）模拟预测与调整。在保险费率、各保单年度的准备金、现金价值、退保金等基本确定后，模拟未来的保费收入规模和可能发生的变化，以一定的假设条件进行综合测算，检查新商品的整体经营情况，在各项指标都达到预定目标后，商品设计工作才算基本完成。

（4）条款、报告、审批和报批。法律部门根据最后确定的定价结果，起草新商品的保险条款，撰写新商品开发报告。由总经理室和总精算师进行最后的公司审批，完成向保监会办理新商品报批手续。

（5）产品生产实施。业务部整理商品销售要点，财务部做好新商品的财务收支，信息技术部电脑后台支持，宣传部确定宣传策略和计划，合规部定期检查和内部审计专项审计。

（6）市场跟踪与服务。市场研究部门通过市场消费者调查，了解用户需求及需要改进的地方，同时建立用户信息数据库，做好追踪服务工作。为下一阶段的创新积累经验。

第5章 金融创新产品质量影响因素分析

进入21世纪以来，随着信息技术如移动支付、社交网络、大数据、云计算的飞速发展，我国金融创新在实践中进行了大量有益的尝试和探索，并取得了一定的成绩。然而，金融创新在极大地推动了经济发展的同时，也伴随着极大的风险性。2008年，美国次贷危机演变成世界经济危机很好地说明了金融创新监管的重要性。因此，对金融创新产品及其质量影响因素进行识别、把握金融机构产品创新的机制，成为金融机构创新过程中亟待解决的问题。

按照熊彼特对创新的界定，金融创新产品是指由于国际金融环境的变化和金融行业竞争的加剧，金融机构为提高自身产品竞争力、追求利润最大化等因素，运用电子计算机、系统工程等科技创新技术和现代数学、博弈论等专业知识，通过环境分析、产品计划、产品开发、试点与修改、市场实施、产品后评价等开发金融产品的过程。麦肯锡公司的一份调查显示：中国的银行提供的产品和利率基本雷同，造成关键客户的大量流失。我国金融行业普遍存在金融产品收入低下、产品结构失衡、客户满意水平低等有关产品质量的问题，面临着较大的经营管理风险。在金融创新方面的研究主要是定性地分析金融创新的原因，集中于对金融创新理论的总结，用金融创新理论分析金融创新对我国金融市场、金融中介机构的影响。相关研究对金融业尤其是银行业研究较多，而对有关银行业、证券、保险创新产品及质量问题，尤其是金融创新产品质量因素问题，理论没有科学的因素体系，实践中缺少针对性、规范化的策略建议。对金融产品创新的影响因素进行结构化合理分析、对金融机构产品创新的机制进行梳理，最终提出金融创新产品质量提升的管理策略，相关实证和理论研究还比较鲜见。在这种情况下，亟须对金融行业创新产品进行质量研究，从而为金融监管机构找到有效的管理对策。

5.1　金融创新产品质量内涵

金融创新是经济发展过程中各种金融要素的重新组合。金融创新有广义和狭义之分，狭义的金融创新是指金融工具、金融业务的创新；广义的金融创新还包括金融机构、金融市场、金融技术等的创新。金融创新是保持经济增长的必然要求。在 Luc Laeven 构建了一个熊彼特的理论模型中，金融家参与创新的成本昂贵但潜在获利颇丰，结果表明，技术创新和经济增长最终停止，除非金融家创新。金融创新是近年来西方金融业中迅速发展的一种趋向。金融创新的内容是突破金融业多年传统的经营局面，在金融业务与工具、金融技术、金融机构以及金融市场等方面均进行的创新与变革。金融创新产品质量是指金融创新产品的流动性、盈利性、安全性及金融服务等的综合效能水平。

产品是"过程的结果"。根据国际标准化组织制订的国际标准《质量管理和质量保证：术语》，产品质量是指产品"反映实体满足明确和隐含需要的能力和特性的总和"。我国国家标准 GB/T6583 中，将"质量"界定为产品、过程或服务满足规定或潜在要求（或需要）的特征和特性总和。这与国际标准化组织中的定义基本一致。产品质量是由各种要素所组成的，这些要素亦被称为产品所具有的特征和特性。不同的产品具有不同的特征和特性，其总和便构成了产品质量的内涵。产品质量要求反映了产品的特性和特性满足顾客和其他相关方要求的能力。由此可见，产品质量是用户对产品特性的主观感受与评价。如图 5.1 所示，理想产品质量表示用户希望得到的产品质量水平，恰当产品质量服务是用户可接受的最低服务，而预期产品质量是用户顾客实际上期望可以获得的一般水平。现实中用户所得到产品质量实际水平介于理想质量和恰当质量之间。

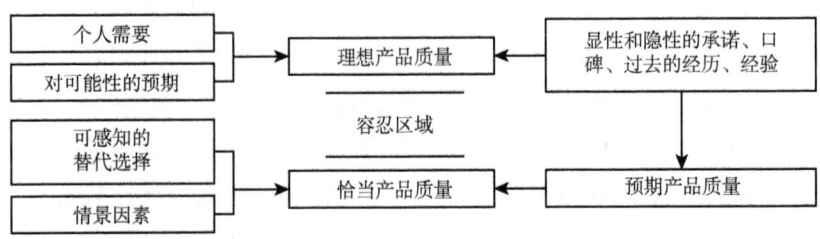

图 5.1　影响产品质量因素

5.2　金融创新产品质量影响因素层次结构

金融创新是金融机构产品研发设计管理人员通过分析市场环境，在综合分析外部环境的基础上做出的创造性活动。金融产品质量是顾客对产品质量的感知与顾客期望之间的差异，受到顾客特征、产品质量特征及产品质量环境三个方面的影响，而产品质量的结果涉及顾客满意、顾客重复购买意向以及其他口碑等效应。构建较为完善的金融创新产品质量影响因素体系，是分析金融创新产品质量的前提和基础。影响金融创新产品质量的因素很多、机制复杂，从多个层次分析影响因素及其关系，从而对提出有效的管理措施具有重要意义。基于综合性、逻辑性、层次性等原则，对影响金融创新产品的质量因素进行划分，顾客特征是影响产品质量的直接因素，产品质量特征即企业创新环境是产品质量的间接因素，产品质量环境即宏观环境是产品质量的宏观因素。

1. 顾客特征

产品质量本质上是顾客期望质量与顾客感知质量之间的差异。不同的顾客对产品质量的感知与期望都不一样，即使同一个顾客在不同的产品使用时期由于其使用经验不同对产品质量的期望和感知也不尽相同。顾客期望对感知产品质量有重要影响，期望不同，感知也有所差异。顾客质量意识不同，产品质量感知也有差异，意愿（will）会提高产品质量感知，而规范（should）则降低产品质量感知。顾客对产品质量期望意愿越强，越有助于对产品质量形成满意，而关注产品规范则会提高质量标准，从而降低产品质量的感知状况。此外，企业形象对顾客期望产生重要影响，企业的广告、名誉等影响了顾客对接收到的产品的预期，对产品满意度较高的顾客，在接触到较为夸张的质量广告后会提高顾客的感知产品质量。老顾客由于对公司产品或产品了解程度高，企业的广告获利好、利差信息对产品感知的变化较小，然而随着对公司了解的加深和行业产品水平的提升，顾客感知质量会降低，企业若不提升产品水平，则顾客的满意水平会降低。此外，企业产品的价格也会影响顾客质量感知，价格传达给顾客所接受到的产品质量的高低。

2. 产品特征

顾客是产品质量的使用方，而产品生产企业是顾客感知质量的提供者。产品提供者通过与顾客的互动，形成顾客对产品质量的感知与期望，顾客感知质量对顾客满意有积极的正向影响，因此，产品提供者表现的结果对顾客满意产生积极影响⑦。从产品绩效、产品过程、产品能力进行的产品质量研究，产品过程就是产品内容的研究范畴。而产品内容往往与产品提供者（管理者）有密切关联。企业领导层的创新思维、创新意识很大程度上决定该机构产品的质量。企业创新思维，一方面取决于领导层的创新意识、创新能力，一方面还受到研发、设计人员的创新能力的影响。金融机构要想获得持续竞争优势，必须持续创新。金融机构通过综合分析用户及潜在用户特征，包括年龄、受教育程度等，在前期做好市场调查与市场细分，在运营过程中进行营销组合决策以达到顾客用户群体的维护与扩大，本质上还是在客户需求为原则的基础上，做好产品设计、包装、运营与服务。因此，金融机构内部管理制度、操作制度的完善与否等是影响金融创新产品质量的关键因素。此外，金融产品创新还受到金融机构的创新管理经验的影响。当感知产品质量水平处于顾客满意水平时，管理者往往倾向保持产品质量水平的稳定，管理者表现出对产品质量不确定性的厌恶。当感知产品质量水平处于顾客满意水平以下时，管理者往往倾向追求对产品质量水平的改进，管理者表现出对产品质量不确定性的喜好。

3. 环境状况

产品质量环境对顾客产品质量感知与质量期望产生重要影响。产品质量的公平性对顾客产品购买及推广行为有重要影响，谢礼珊等研究也强调产品环境是产品质量表征的重要内容。金融创新产品质量的稳定性立足于特定的宏观环境之中。在这些法律、法规、政策中，有的可能会促使金融创新产品质量的提高，有的可能会限制金融创新产品质量的优化。Hsu 研究发现，产业发展越依赖于外部融资，则金融活动越表现出一种不相称的高技术密集型的创新水平。经济因素对金融创新产品质量的影响主要表现在金融业需要避免来自经济领域及自身存在的风险。来自经济领域的产能过剩，必然会影响金融创新产品质量。互联网技术促使金融机构推出针对互联网的各类金融产品，并不断改进服务内容与形式，促使产品质量不断提升。金融机构充分利用技术创新的成果，建立高度集中、高度统一的电子化体系，形成业务办理快捷、数据处理集中、信息传输通畅、指挥调度灵活的计算机高效运营系统；同时利用信息技术建立数据，帮助金融创新产品质量的改善。此外，良好的社会信用环境和完善的质量监管机制是金融产品创新的基础。市场经济是信用经济，金融本身更是信用高度发展到一定阶段的产物。良好的信用环境是金融创新的必要基础，也是实现资源优化配置的前提。

综上，根据综合性、层次性、逻辑性原则及金融创新产品质量特点，通过 5 位金融创新产品质量研究专家综合讨论，设计出金融创新产品质量影响因素体系，如表 5.1 所示。

表 5.1　　　　　　　　　金融创新产品质量影响因素

主因素	子因素	符号	释义
顾客特征	顾客消费经验	a_1	顾客以往接收到产品使用经验
	顾客质量意识	a_2	顾客对产品质量的注重程度
	顾客感知水平	a_3	顾客对产品质量的感受性
	顾客质量期望	a_4	顾客对产品质量的期待水平
产品特征	企业创新思维	b_1	企业对金融产品创新的意识
	企业经营战略与产品定位	b_2	企业在市场中的经营策略及产品定位
	企业经营管理水平	b_3	企业日常对质量相关管理水平
	创新管理经验	b_4	企业在市场中产品创新的措施、经验
环境状况	政治法律政策	c_1	社会有关产品质量的法律法规完善性
	社会经济状况	c_2	社会经济对金融产品的依赖性
	技术创新水平	c_3	社会总体金融相关技术水平
	社会信用环境	c_4	社会大众及企业的信用状况
	产品质量监管	c_5	政策对金融产品质量的监督管理状况

5.3　基于 DEMATEL 的金融创新产品质量影响因素分析

1. DEMATEL 方法思想

决策试验与实验评估法（DEMATEL）运用图论和矩阵理论进行系统因素分析的方法，借助系统中各因素之间的逻辑关系构建直接影响矩阵，计算因素之间的影响被影响程度，计算各因素的中心度，得出各因素所属种类，是原因还是结果，同时可以根据中心度、原因度的取值调整系统总体结构。有关学者运用该方法对供应链、创新能力等进行了评价和分析，结果证实了方法的可行性。

2. 影响因素分析

根据前人研究,将 DEMATEL 运算过程划分为以下几步进行:

第一步:建立初始直接影响矩阵 $X = [x_{ij}]_{n \times n}$。

邀请金融领域的 5 位专家对产品质量影响因素,通过李克特 5 分量表进行因素之间的相互对比,判定其相互影响程度,对所有专家的评分进行算数平均后,可以得到矩阵形式的影响因素矩阵 $X = [x_{ij}]$,0 关联程度最弱,4 关联程度最强,其中 x_{ij} 表示因素 i 对因素 j 的影响程度。

$$X = \begin{bmatrix} x_{11} & \cdots & x_{1j} & \cdots & x_{1n} \\ \vdots & & \vdots & & \vdots \\ x_{i1} & \cdots & x_{ij} & \cdots & x_{in} \\ \vdots & & \vdots & & \vdots \\ x_{n1} & \cdots & x_{nj} & \cdots & x_{nn} \end{bmatrix}$$

第二步:建立标准化的直接影响矩阵 G。

对专家打分后的算数平均数矩阵做标准化处理,得到标准化直接影响矩阵,计算公式如下所示,即元素值除以各行、各列的最大值,其值在 0 ~ 1 之间,其计算结果见表 5.2。

$$G = X/S$$

$$S = \max\left[\max_{1 \leqslant i \leqslant n} \sum_{j}^{n} x_{ij}, \max_{1 \leqslant j \leqslant n} \sum_{i}^{n} x_{ij}\right]$$

表 5.2　　　　　　　　　标准化的直接影响矩阵

	a_1	a_2	a_3	a_4	b_1	b_2	b_3	b_4	c_1	c_2	c_3	c_4	c_5
a_1	0.000	0.095	0.048	0.143	0.095	0.000	0.000	0.000	0.000	0.000	0.000	0.000	0.000
a_2	0.000	0.000	0.095	0.143	0.143	0.048	0.000	0.000	0.000	0.000	0.000	0.000	0.000
a_3	0.000	0.048	0.000	0.000	0.048	0.048	0.000	0.000	0.000	0.000	0.000	0.000	0.000
a_4	0.000	0.190	0.143	0.000	0.143	0.143	0.000	0.000	0.000	0.000	0.000	0.048	0.000
b_1	0.000	0.048	0.048	0.000	0.000	0.000	0.048	0.000	0.000	0.000	0.000	0.000	0.000
b_2	0.000	0.000	0.095	0.095	0.095	0.000	0.000	0.000	0.000	0.000	0.000	0.000	0.000
b_3	0.000	0.095	0.048	0.095	0.095	0.095	0.000	0.000	0.000	0.000	0.000	0.000	0.000
b_4	0.000	0.048	0.000	0.048	0.048	0.048	0.048	0.000	0.000	0.000	0.000	0.000	0.000
c_1	0.000	0.143	0.048	0.095	0.095	0.143	0.000	0.000	0.000	0.000	0.000	0.095	0.143

续表

	a_1	a_2	a_3	a_4	b_1	b_2	b_3	b_4	c_1	c_2	c_3	c_4	c_5
c_2	0.000	0.048	0.000	0.000	0.000	0.000	0.000	0.000	0.048	0.000	0.000	0.048	0.000
c_3	0.000	0.095	0.143	0.190	0.190	0.048	0.000	0.000	0.048	0.095	0.000	0.095	0.143
c_4	0.000	0.095	0.095	0.095	0.095	0.048	0.000	0.000	0.000	0.143	0.048	0.000	0.000
c_5	0.000	0.048	0.095	0.095	0.095	0.143	0.000	0.000	0.143	0.095	0.095	0.190	0.000

第三步：计算综合影响矩阵 T。

因素之间的影响关系由直接影响、间接影响构成，直接影响为矩阵本身，间接影响为一系列递减矩阵数列构成，因此综合影响矩阵为初始影响矩阵与间接影响矩阵的和。结果见表 5.3。同理，各维度的综合影响矩阵采用以上计算方式。

$$T = N + N^2 + N^3 \cdots + N^h = N(1 - N)^{-1}$$

表 5.3　　　　　　　　因素间的综合影响矩阵

	a_1	a_2	a_3	a_4	b_1	b_2	b_3	b_4	c_1	c_2	c_3	c_4	c_5
a_1	0.000	0.139	0.096	0.167	0.147	0.031	0.007	0.000	0.000	0.001	0.000	0.008	0.000
a_2	0.000	0.047	0.139	0.158	0.187	0.074	0.009	0.000	0.000	0.001	0.000	0.008	0.000
a_3	0.000	0.053	0.009	0.008	0.058	0.004	0.003	0.000	0.000	0.000	0.000	0.000	0.000
a_4	0.000	0.226	0.203	0.054	0.214	0.165	0.010	0.000	0.000	0.001	0.008	0.002	0.051	0.000
b_1	0.000	0.059	0.060	0.014	0.019	0.009	0.049	0.000	0.000	0.000	0.000	0.001	0.000
b_2	0.000	0.032	0.120	0.102	0.122	0.017	0.006	0.000	0.000	0.000	0.000	0.005	0.000
b_3	0.000	0.132	0.097	0.126	0.148	0.120	0.007	0.000	0.000	0.001	0.000	0.006	0.000
b_4	0.000	0.071	0.029	0.070	0.081	0.066	0.052	0.000	0.000	0.000	0.000	0.003	0.000
c_1	0.000	0.221	0.154	0.179	0.211	0.211	0.010	0.000	0.024	0.035	0.021	0.137	0.149
c_2	0.000	0.068	0.021	0.022	0.026	0.017	0.001	0.000	0.050	0.009	0.003	0.056	0.008
c_3	0.000	0.216	0.266	0.274	0.325	0.139	0.015	0.000	0.078	0.133	0.022	0.153	0.157
c_4	0.000	0.152	0.154	0.138	0.164	0.081	0.000	0.000	0.011	0.151	0.050	0.021	0.009
c_5	0.000	0.171	0.220	0.202	0.240	0.224	0.011	0.000	0.160	0.143	0.110	0.239	0.038

第四步：确定因素的影响度、被影响度，计算中心度、原因度，并绘制影响网络关系图。

将综合影响矩阵各行、各列相加得到和 r 和 e。其中 r_i 表示因素 i 直接和间接影响其他因素的总和，e_i 表示因素 i 被其他因素影响程度的总和。因此，r_i 是影响度，e_i 是被影响度，$(r_i + e_i)$ 是因素之间影响及被影响的总程度，称为中心度；$(r_i - e_i)$ 是因素之间影响或被影响的总程度，称为原因度。中心度数值越大，表明因素影响及被影响的程度越大，该因素为重要因素；原因度为正值，表明因素对其他因素的影响大，称为原因因素；原因度为负值，表明因素被其他因素影响大，称为结果因素。结果见表5.4。最后以中心度和原因度为横坐标、纵坐标，绘制影响网络关系图，见图5.2所示。

$$r = \sum_{j=1}^{n} x_{ij}, (i = 1,2,3,\cdots,n)$$

$$e = \sum_{j=1}^{n} x_{ji}, (i = 1,2,3,\cdots,n)$$

表5.4　　各维度因素的中心度和原因度

维度/因素	影响度 r_i	被影响度 e_i	中心度 $(r_i + e_i)$	原因度 $(r_i - e_i)$
A 顾客特征	2.500	3.313	5.813	0.813
顾客消费经验	0.597	0.000	0.597	0.597
顾客质量意识	0.622	1.312	1.934	-0.690
顾客感知水平	0.135	1.243	1.379	-1.108
顾客质量期望	0.933	1.226	2.159	-0.292
B 产品特征	2.063	3.875	5.936	-1.813
企业创新思维	0.210	1.599	1.809	-1.389
企业经营战略与产品定位	0.405	1.011	1.415	-1.194
企业经营管理水平	0.638	0.123	0.761	-0.373
创新管理经验	0.373	0.000	0.373	0.373
C 环境状况	2.625	0.000	2.625	2.625
政治法律政策	1.353	0.245	1.598	1.107
社会经济状况	0.281	0.350	0.631	-0.069
技术创新水平	1.779	0.188	1.967	1.592
社会信用环境	0.939	0.534	1.473	0.404
产品质量监管	1.759	0.204	1.964	1.555

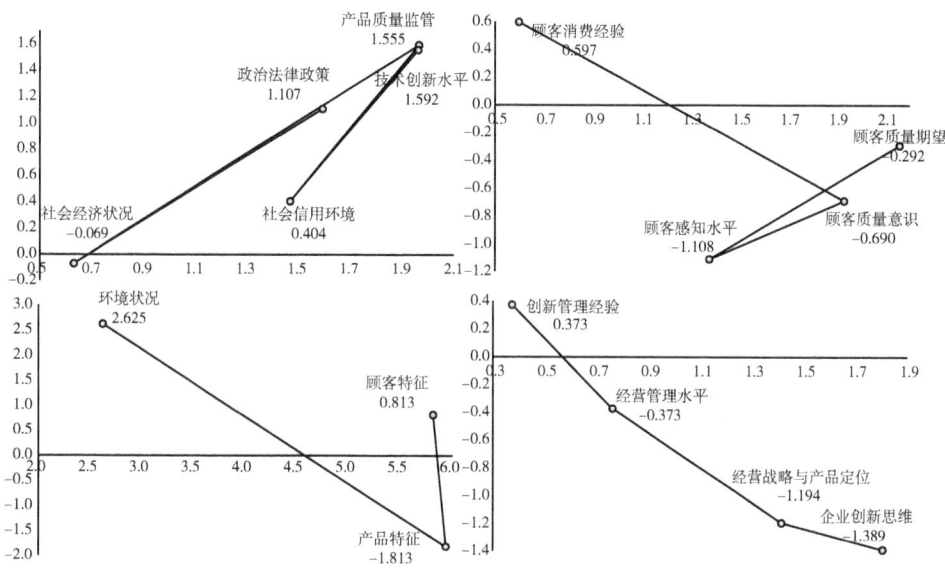

图 5.2 各维度因素影响网络关系

3. 结论

由结果可知,在中心度方面,产品特征的中心度最高;其次为顾客特征、环境状况,表明金融创新产品本身的质量状况,即顾客对产品满足支付、投资、理财、安全等需要最为关注,环境状况最弱,顾客没有关注外部环境的动机。在原因度方面,环境状况、顾客特征为正,因果关系为原因因素,属于主动影响因素,而产品特征是负值,因果关系为结果因素,属于受影响者。金融机构为应对环境的变化,围绕顾客关注的产品特征,提供受顾客欢迎的金融创新产品。

具体到各维度的质量影响因素,由表 5.4 和图 5.2 可知:(1) 在顾客特征方面,中心度的高低顺序依次是顾客质量期望、顾客质量意识、顾客质量感知水平、顾客消费经验,顾客质量期望是最重要的质量因素,而顾客消费经验是原因度最高的主动影响者,因此金融机构提供的产品质量应随着顾客消费经验的增加不断提高,产品质量提高最终会产生顾客感知水平的提升。(2) 在产品特征方面,企业特征决定了产品质量总体状况,企业创新思维是影响因素中中心度最高的因素,因此是产品质量特征方面最重要的因素;原因度方面,企业创新管理经验值为正值,其余都为负值,表明金融机构的产品创新很大程度上是经验借鉴,根本性的创新比较少,企业的创新思维等受到创新经验的影响很大。(3) 在环境状况方面,技术创新水平、产品质量监督中心度最高,表明该因素对于金融创新产品质量非常重要;在原因度方面,技术创新数值最大且为正,其次是产品质量监管、政治法律政策等,表明这些因素对于金融创新产品质量的环境方面有重要意义,而社会经济状况中心度最低、原因度也最低,表明经济状况对金融创新产品质量的影响通过其他因素产生。

5.4　基于解释结构模型的金融创新产品质量影响因素分析

1. 影响因素分析

金融创新是金融机构产品研发设计管理人员通过分析市场环境,在综合分析外部环境的基础上做出的创造性活动。环境是金融创新产品生产加工的背景,分析金融创新产品的环境因素有助于把握金融创新产品的质量问题。

(1) 政治法律政策。

金融创新产品质量的稳定性立足于特定的宏观环境之中。政治法律政策环境是指进行金融创新活动中所涉及的有关的法律、法规、政策等因素。在这些法律、法规、政策中,有的可能会促使金融创新产品质量的提高,有的可能会限制金融创新产品质量的优化。在金融产品创新之初,政府政策、法律会严格管控这种创新行为。而金融创新机构出于获利和逃避管制,便对金融产品进行创新,逃避法律政策的约束。当金融创新产品经营逐渐出现不合规范时,又产生新的管制。金融法律、政策是金融创新产品质量的障碍,也是金融产品创新的源泉与动力。金融法律法规政策作为一种规范金融市场参与者交易行为的规则,必定深刻地影响着金融创新产品的质量。

(2) 经济因素。

经济政策一方面规范了金融创新活动,另一方面给金融创新的可能性创造了条件。金融创新活动与国内外经济状况密切相关。任何一种新的经济现象的出现都有可能孕育金融创新的机会。经济体系通过发展资本市场和信贷市场对技术创新产生重要影响。Po－Hsuan Hsu 研究发现,产业发展越依赖于外部融资,则金融活动越表现出一种不相称的高技术密集型的创新水平。经济因素对金融创新产品质量的影响主要表现在金融业需要避免来自经济领域及自身存在的风险。来自经济领域的产能过剩,必然会影响金融创新产品质量。此外,金融机构自身存在的风险也必然影响金融创新产品质量。金融业的风险,本质上就是信用、杠杆、风险没控制好,是杠杆比过度的问题。金融及服务机构要在综合分析经济环境下及时、合理对经济情况作出预测和判断,改进产品质量,预防金融产品质量出现问题。

(3)技术创新因素。

互联网技术促使金融机构推出针对互联网的各类金融产品,并不断改进服务内容与形式,促使产品质量不断提升。银行机构针对个人服务提供的金融生活、针对企业服务提供的小微企业服务、针对三农服务提供的产品,非银行机构所提供的产品与服务或者行业解决方案等,无一不是建立在技术创新的基础上的。以 ATM、POS 终端、网上银行、手机移动支付为代表的创新产品将金融服务扩展和延伸到以前不敢想象的地域,扩大了金融产品的销售渠道,缩短了金融服务的时间,24 小时服务正成为主流。金融机构充分利用技术创新的成果,建立高度集中、高度统一的电子化体系,形成业务办理快捷、数据处理集中、信息传输通畅、指挥调度灵活的计算机高效运营系统;同时利用信息技术建立数据,帮助金融创新产品质量的改善。

(4)社会信用环境。

良好的社会信用环境是金融产品创新的基础。市场经济是信用经济,金融本身更是信用高度发展到一定阶段的产物。良好的信用环境是金融创新的必要基础,也是实现资源优化配置的前提。社会信用环境是影响金融创新产品质量的重要因素。我国信用体制建设滞后,缺少企业及个人的信用数据库,信用评价体系也没有建立,无法为金融产品创新提供良好的信用环境。金融创新产品质量健康运行需要以企业信用、社会信用、金融机构信用为基石。金融机构对于法人群体已建立了评级授信机制,参照资产规模、资金流动性、盈利水平、历史经营状况等指标,给予企业法人客户以不同的评级,据此为信贷业务的开展提供基础量化的指标数据。受数量庞大、住址不固定、评级参考指标难以选取等难题的影响,个人客户信用等级的建立工作难以进行,必然会影响金融创新产品的质量问题。

(5)用户产品质量意识。

金融机构在设计产品之前,应关注用户在产品质量方面有哪些要求,即要进行市场需求分析。在产品设计、包装、运营、服务的过程中,用户的需要也是金融服务机构改善产品质量的动力。在现代市场经济背景下,生产经营应该是市场导向,即客户需求导向,产品或服务的提供者需要以客户需要为前提,进行设计、研发、生产。金融创新产品提供者为金融服务机构,用户可划分为企业和个人,企业重点关注产品是否满足支付、融资需要,而个人重点关注理财、风险。用户对金融创新产品质量越关注、越期望,金融机构感知到的质量要求越高,也就越有利于高质量的金融创新产品的生产。此外，用户在金融创新产品的使用过程中也会对金融创新产品提供者提出各种要求，这也会促使金融机构改进产品质量。因此，用户自身的产品质量意识、产品质量认识水平和要求，对金融创新产品的质量产生重要影响。

（6）企业创新思维。

金融创新的主体是企业，而现实中主要包含银行业、证券、保险、第三方支付机构、第三方理财机构、融资租赁公司等。一方面，金融机构的创新一般要受到中国人民银行、银监会、保监会、证监会或其他金融管理机构相关政策的限制；另一方面，下属机构的创新又受到总部的管理限制。企业领导层的创新思维、创新意识很大程度上决定该机构金融创新产品的质量。由于我国金融机构的创新，设计产品时有时候考虑了上层管理机构的政策，而忽略了市场消费者的需求，很容易出现高成本、低市场性的金融创新产品，其质量在流动性、盈利性、安全性上都会大打折扣。企业经营管理者高层一方面要遵守政府管理机构的指导，另一方面还要加强市场调研，以市场消费者需要为基础，设计、生产金融创新产品。企业创新思维一方面取决于领导层的创新意识、创新能力，另一方面还受到研发、设计人员的创新能力的影响。

（7）企业战略与产品定位。

企业战略是企业对自身选择要发展的目标及途径进行的规划。战略规划决定了企业发展模式。金融创新产品定位是金融机构的管理者、设计人员在分析公司内外部环境的基础上，针对消费者的需要，对自身要提供的金融创新产品某些特征，通过界定自身产品特征，塑造自身产品与竞争对手的差异，给消费者以鲜明的个性形象，并把这种形象传递给消费者的过程。在激烈的市场竞争中，金融创新产品存在同质化竞争问题。金融机构要想获得持续竞争优势，必须持续创新。金融机构需要综合分析用户及潜在用户特征，包括年龄、收入、受教育程度等，在前期做好市场调查与市场细分，在运营过程中进行营销组合决策以达到消费者用户群体的维护与扩大，本质上还是在客户需求为原则的基础上，做好产品设计、包装、运营与服务。

（8）经营管理水平。

金融机构内部管理制度、操作制度的完善与否等是影响金融创新产品质量的关键因素。由于消费群体众多，行业利润率高，金融机构的产品创新是可选择性活动，金融机构管理人员创新动力明显不足。金融机构建立起对创新的激励管理措施，对于金融创新产品的质量至关重要。金融机构建立专门、独立的创新运营部门，选拔和激励创新活动，保证核心创新人才发挥重要作用。金融机构进行产品创新，管理层的创新思维、觉悟是先导，而经营管理水平是关键。从现有产品特征分析，到用户需求分析，再到产品设计与开发，最终产品投产营销服务，每一个环节都依赖经营管理的提升。需求分析阶段，需要分析需求是否合理，如何界定用户要求；产品设计与开发阶段，需要将需求任务通过编码而转化为具体创新成果；产品营销服务阶段，营销人员需要充分了解产品特性，并对产品指向的目标客户开展有针对性的营销。

（9）创新管理经验。

熊彼特认为，创新就是一种新的生产函数，把一种从来没有过的关于生产要素和生产条件的"新组合"引入生产体系。组织惯性理论认为，组织系统经营一段期间后，该组织除去外部力量的作用，而偏好沿着原有经营路径继续运作的属性。一切知识和习惯一旦获得以后，就牢固地植根于人们头脑之中。金融机构的预测能力、组织能力等必然对金融机构未来的创新实践产生深远影响。金融产品创新受到金融机构的创新管理经验的影响。我国金融业起步时间晚、缺少金融业发展的历史沉淀，金融机构的创新探索过程缓慢。国外金融机构的创新管理经验成为我国金融创新机构学习和模仿的对象，我国金融创新产品也多是植入型的，由于金融创新产品不是在实践需求分析的基础上设计生产的，金融创新产品的质量存在诸多问题。

（10）人才技术设备水平。

人员素质、技术设备是金融机构创新产品质量的基础，金融机构人员素质、服务意识高，技术设备水平先进，金融机构的创新产品质量越有保证。金融机构业务人员既要具备金融理论知识，又要熟悉营销学、管理学知识，需要具备沟通能力，而创新技术人员还要精通技术，才能有利于促进金融创新产品质量的提升。金融机构的市场需求分析、市场细分与定位、产品设计与开发、服务维护等过程，无一不是金融机构的业务人员来完成，而业务人员的服务质量需要建立在一定技术设备的基础上才能完成。金融机构的技术设备比较容易购买，然而创新人才及创新人才具备的创新思维、能力却难以在短时间获得。由于具备创新能力和思维的人才无法通过学校教育获得，而是通过在工作实践中不断摸索、尝试，才能培养出金融创新型人才。金融创新是个异常复杂的活动，对创新人才的要求非常高。

2. 结构模型下金融创新产品质量影响因素分析

解释结构模型是结构模型化技术的一种，它可以将复杂的系统问题分解为要素关系，借助专家经验以及数学专业知识，把模糊不清的问题转化为具有良好结构关系的模型。常玉采用系统工程的方法，用解释结构模型对高新技术企业技术创新能力进行了科学地分析。王宛秋采用解释结构模型对技术并购的 13 个协同影响因素进行了分析，得到技术并购协同影响因素解释结构模型，有较好的解释能力。曲瑞雪在解释结构模型构建了 9 个影响供应链成功的因素，并指出信息技术是最基础的影响因素。应用解释结构模型，分析影响人才流动影响因素之间的关系。

(1) 结构模型构建。

为了构建结构模型，将前文提出的 2 个层次 10 个影响因素加上金融创新产品质量分别命名为 f_0、f_1、f_2、f_3、f_4、f_5、f_6、f_7、f_8、f_9、f_{10}，如表 5.5 所示。根据同行专家的观点，依照以下原则建立各因素之间的关系：

① f_i 对 f_j 有直接影响，则赋值 a_{ij} 为 1，否则为 0；

② f_j 对 f_i 有直接影响，则赋值 a_{ji} 为 1，否则为 0；

③ f_i 对 f_j 有互相强影响，则在 a_{ij} 和 a_{ji} 赋值 1，如果相互影响程度相差比较大，则大的一方为 1，小的一方为 0。

表 5.5　　　　　　　　金融创新产品质量影响因素

金融创新产品质量及影响因素	编　号
金融创新产品质量	f_0
政治法律政策	f_1
社会经济状况	f_2
技术创新因素	f_3
社会信用环境	f_4
用户产品质量意识	f_5
企业创新思维	f_6
企业战略与产品定位	f_7
经营管理水平	f_8
创新管理经验	f_9
人才设备水平	f_{10}

邻接矩阵是表示顶点之间相邻关系的矩阵，用一个二维数组存放顶点间关系

的数据,这个二维数组称为邻接矩阵。根据各因素之间的相互关系,建立各相关因素的邻接矩阵,如图 5.3 所示。在得到邻接矩阵 A 的基础上,加上一个单位矩阵 I,经过布尔运算求其幂直到不再产生新的间接关系,$(A+I) \neq (A+I)^2 = (A+I)^3$,即得到可达矩阵 $M = (A+I)^2$,如图 5.4 所示。

$$A = \begin{bmatrix}
 & f_0 & f_1 & f_2 & f_3 & f_4 & f_5 & f_6 & f_7 & f_8 & f_9 & f_{10} \\
f_0 & 0 & 0 & 0 & 0 & 0 & 0 & 0 & 0 & 0 & 0 & 0 \\
f_1 & 1 & 0 & 1 & 0 & 1 & 1 & 0 & 1 & 0 & 0 & 0 \\
f_2 & 1 & 0 & 0 & 0 & 0 & 0 & 0 & 0 & 0 & 0 & 0 \\
f_3 & 1 & 0 & 1 & 0 & 1 & 0 & 0 & 0 & 1 & 0 & 1 \\
f_4 & 1 & 0 & 0 & 0 & 0 & 0 & 0 & 0 & 0 & 0 & 0 \\
f_5 & 1 & 0 & 0 & 0 & 0 & 0 & 1 & 1 & 0 & 0 & 0 \\
f_6 & 1 & 0 & 0 & 0 & 0 & 0 & 0 & 1 & 0 & 0 & 0 \\
f_7 & 1 & 0 & 0 & 0 & 0 & 0 & 0 & 0 & 0 & 0 & 0 \\
f_8 & 1 & 0 & 1 & 0 & 0 & 0 & 0 & 0 & 0 & 0 & 0 \\
f_9 & 1 & 0 & 0 & 0 & 0 & 0 & 0 & 0 & 1 & 0 & 0 \\
f_{10} & 1 & 0 & 0 & 0 & 0 & 0 & 0 & 0 & 1 & 0 & 0
\end{bmatrix}$$

图 5.3 邻接矩阵

$$M = \begin{bmatrix}
 & f'_0 & f'_1 & f'_2 & f'_3 & f'_4 & f'_5 & f'_6 & f'_7 & f'_8 & f'_9 & f'_{10} \\
f'_0 & 1 & 0 & 0 & 0 & 0 & 0 & 0 & 0 & 0 & 0 & 0 \\
f'_1 & 1 & 1 & 1 & 0 & 1 & 1 & 1 & 1 & 0 & 0 & 0 \\
f'_2 & 1 & 0 & 1 & 0 & 0 & 0 & 0 & 0 & 0 & 0 & 0 \\
f'_3 & 1 & 0 & 1 & 1 & 1 & 0 & 0 & 1 & 1 & 0 & 1 \\
f'_4 & 1 & 0 & 0 & 0 & 0 & 0 & 0 & 0 & 0 & 0 & 0 \\
f'_5 & 1 & 0 & 0 & 0 & 0 & 1 & 1 & 1 & 0 & 0 & 0 \\
f'_6 & 1 & 0 & 0 & 0 & 0 & 0 & 1 & 1 & 0 & 0 & 0 \\
f'_7 & 1 & 0 & 0 & 0 & 0 & 0 & 0 & 1 & 0 & 0 & 0 \\
f'_8 & 1 & 0 & 1 & 0 & 0 & 0 & 0 & 1 & 1 & 0 & 0 \\
f'_9 & 1 & 0 & 0 & 0 & 0 & 0 & 0 & 1 & 1 & 1 & 0 \\
f'_{10} & 1 & 0 & 1 & 0 & 0 & 0 & 0 & 1 & 1 & 0 & 1
\end{bmatrix}$$

图 5.4 可达矩阵

定义可达集 $R(f_i)$：由可达矩阵 M 中第 f_i 行中所有矩阵元素为 1 的列所对应的要素集合。定义先行集（前因集）$A(f_i)$：由可达矩阵 M 中第 f_i 列中所有矩阵元素为 1 的行所对应的要素集合。若 f_i 是最上一级因素，则必须满足 $R(f_i) \cap A(f_i) = R(f_i)$，因此得到当最上级因素得到后，在可达矩阵中划掉该因素所在的行和列，以此类推。第一层因素 $L_1 = \{f_0\}$，第二层因素 $L_2 = \{f_2, f_4, f_7\}$，第三层要素集合 $L_3 = \{f_6, f_8\}$，第四层要素集合 $L_4 = \{f_5, f_9, f_{10}\}$，第五层要素集合 $L_5 = \{f_1, f_3\}$。最终得到图 5.5 所示的级间划分的可达矩阵。

$$M' = \begin{bmatrix} & f'_0 & f'_2 & f'_4 & f'_7 & f'_6 & f'_8 & f'_5 & f'_9 & f'_{10} & f'_1 & f'_3 \\ f'_0 & 1 & 0 & 0 & 0 & 0 & 0 & 0 & 0 & 0 & 0 & 0 \\ f'_2 & 1 & 1 & 0 & 0 & 0 & 0 & 0 & 0 & 0 & 0 & 0 \\ f'_4 & 1 & 0 & 1 & 0 & 0 & 0 & 0 & 0 & 0 & 0 & 0 \\ f'_7 & 1 & 0 & 0 & 1 & 0 & 0 & 0 & 0 & 0 & 0 & 0 \\ f'_6 & 1 & 0 & 0 & 1 & 1 & 0 & 0 & 0 & 0 & 0 & 0 \\ f'_8 & 1 & 1 & 0 & 1 & 0 & 1 & 0 & 0 & 0 & 0 & 0 \\ f'_5 & 1 & 0 & 0 & 1 & 1 & 0 & 1 & 0 & 0 & 0 & 0 \\ f'_9 & 1 & 1 & 0 & 1 & 0 & 1 & 0 & 1 & 0 & 0 & 0 \\ f'_{10} & 1 & 1 & 0 & 1 & 0 & 1 & 0 & 0 & 1 & 0 & 0 \\ f'_1 & 1 & 1 & 1 & 1 & 1 & 0 & 1 & 0 & 0 & 1 & 0 \\ f'_3 & 1 & 1 & 1 & 1 & 0 & 1 & 0 & 0 & 1 & 0 & 1 \end{bmatrix}$$

图 5.5 级间划分的可达矩阵

（2）结构模型分析。

根据等级划分，将各符号表示的影响因素带入，得到金融创新产品质量影响因素的多级递阶结构模型。主要影响因素解释结构模型说明如下：

"用户产品质量意识"的基本影响因素是"政府法律政策"，"企业人才设备水平"的基本影响因素是"技术创新水平"。

"企业创新管理经验"和"人才设备水平"对"企业经营管理水平"有重要影响，"用户产品质量意识"对"企业创新思维"有重要影响。

"企业经营管理水平"是"社会经济状况"的重要基础，"企业经营管理水平"与"企业创新思维"决定"企业的战略与产品定位"。

"社会经济状况"、"企业战略与产品定位"、"社会信用环境"是决定"金融创新产品质量"的直接因素。

(3) 应用意义。

建立金融创新产品质量影响因素的解释结构模型，目的在于挖掘影响金融产品创新成败的关键因素及这些因素之间的相互影响及层次关系。其实践意义在于，在金融创新决策中，需要考虑哪些方面及因素之间的重要程度，分层次、重点突出、阶段鲜明的解决问题。根据上面的模型分析，"企业战略与产品定位"是"金融创新产品质量"的关键影响因素之一，其受到"企业经营管理水平"及"企业创新思维"等因素的直接影响。

3. 案例分析

用前面分析的金融创新产品质量影响因素模型对通联支付网络服务股份有限公司的行业解决方案案例进行分析，对模型进行说明。

(1) 案例背景。

通联支付网络服务股份有限公司成立于 2008 年 10 月，是中国万向控股、上海国际集团、用友软件等机构共同投资设立的一家综合型支付服务企业，注册资本 14.6 亿元人民币，是目前国内第三方支付企业中注册资本最为雄厚的企业。作为一家市场化运作的第三方支付公司，通联支付立足于方兴未艾、拥有广阔发展前景的金融支付产业，凭借对行业的深刻理解，紧密围绕商业银行、商户和持卡人的核心服务需求，致力于为客户和合作伙伴提供安全、灵活、服务客户需求的产品及解决方案。公司发展以支付业为基础，逐步扩展到企业金融服务领域，最终形成一套完善的综合服务及产品体系，力争以全方位竞争优势，成为世界领先的行业支付解决方案及综合支付服务提供商。

(2) 影响因素分析。

应用上述金融创新产品质量影响因素分析框架，对通联支付物流行业解决方案进行了分析。如图 5.6 所示。金融创新产品满足的社会物流行业发展需求，使得财务对账方便快捷，实现物流、信息流、资金流的实时匹配，交易成本全面降低，银行通道全面覆盖，同时遍及全国的分支机构为商户提供完善的专业化服务，实现了本地化服务支付。

物流行业客户普遍具有收款分散、资金流转率高等业务特征，使其在资金支付、货款回笼、对账清算等方面具有较高要求。基于互联网支付技术的不断出现，企业支付功能突破障碍，为企业积累了"人才设备水平"，国家金融相关的法律政策，提升了用户企业的"产品质量意识"。同时，企业管理团队成员经验丰富、结构合理，奠定了"企业经验管理水平"。企业用户的产品质量意识，促

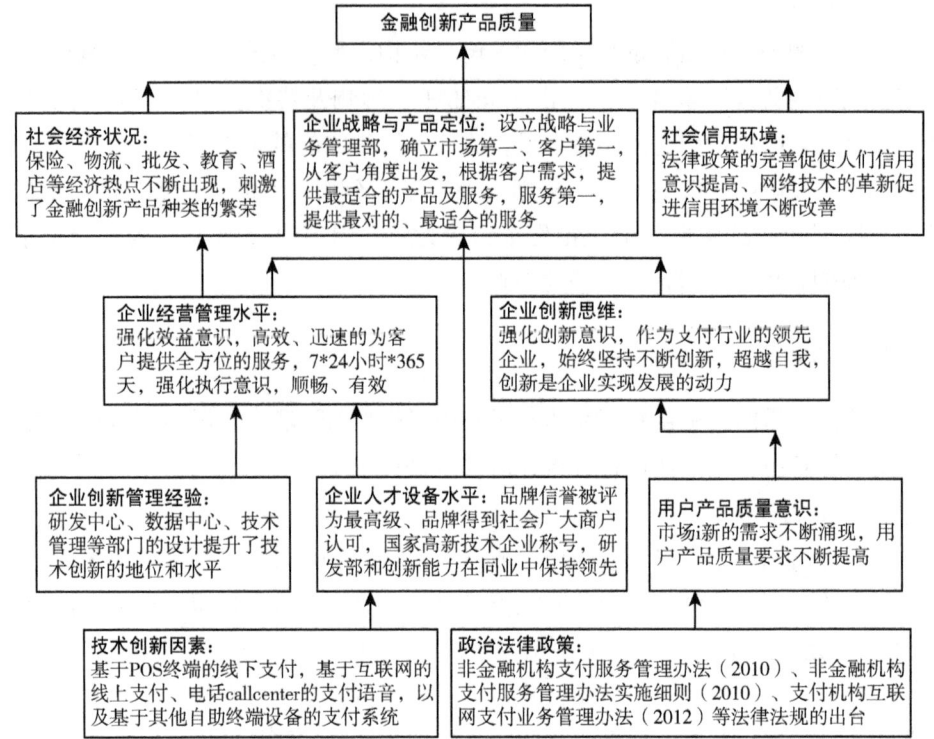

图 5.6 通联支付行业解决方案质量影响因素解构

使企业更加关注创新，通联支付将"创新意识"作为自己的核心理念来贯彻。企业确立市场、用户第一，确保了"企业战略与产品定位"的合理性。投资、消费高涨促进了电商物流的发展，给通联支付带来了重要发展机遇，技术的革新促进了"社会信用环境"的改善，最终实现通联支付行业解决方案的质量提升。

作为国内领先的具有国资背景的独立第三方支付服务提供商，通联一直致力于为各类物流企业提供多元化支付产品和便捷高效的清算服务，并形成专业、有效的综合支付解决方案。通联支付产品和服务主要有个人服务、商户服务及行业解决方案。其中行业解决方案涉及保险、物流、批发等行业。通过POS终端订单支付、线上订单支付、营业资金归集、资金集中代付等形式，不断提升产品和服务质量。

4. 结论

技术创新是企业获取竞争优势的重要途径，质量改进是企业扩大市场占有率、提高服务水平的重要手段。金融创新产品质量影响因素分析，可以很好地关注哪些因素会对市场上企业产品质量产生直接或间接的影响。本书采取的文献分析、专家评价，总结了影响金融创新产品质量的 10 个主要因素。在此基础上，采用结构模型分析影响因素之间的关系，得出影响因素系统的多级递阶结构模型。

结果显示，社会经济状况、企业战略与产品定位及社会信用环境是决定金融创新产品质量的直接因素，企业经营管理水平、企业创新思维对企业战略与产品定位有重要影响，企业经营管理水平依赖于企业创新管理经验及企业人才设备水平，用户产品质量意识对企业创新思维有直接影响，技术创新与政治法律政策是金融创新产品质量的宏观影响因素。最后，研究以通联支付物流行业解决方案产品为例对模型进行了验证，初步认为模型对金融创新产品质量影响因素有很好的解释能力。由于研究还处在概念结构阶段，下一步还需要建立金融机构产品创新的机制模型，对机制模型进行验证；建立金融创新产品质量评价的指标体系，对影响因素进行量化和实证研究。

第6章 金融机构、政府、投资者三方博弈分析

从金融机构、监管部门和投资者三者角度出发,对三者博弈关系进行理论研究,并构建互联网理财产品质量监管三方博弈模型。通过求解精炼贝叶斯纳什均衡,揭示在信息不对称情况下,金融机构、监管部门和投资者的相互影响关系。最终,结合博弈模型的结果为金融机构、监管部门和投资者提出建议,以提高我国互联网理财产品的质量。纵观互联网金融的发展及监管,可以得到金融机构、监管部门和投资者三者存在博弈关系。金融机构设计理财产品一方面能够获得更好的收益、扩大市场规模;另一方面金融机构设计的不良理财产品也会加大金融市场的风险。因此,监管部门为保证金融市场的稳定性和维护投资者的权益,会对金融机构进行监管,然而我国监管存在着有效性低、技术落后等现象,从而加大了监管的成本,导致监管不力现象时常发生。投资者对互联网理财产品进行投资会获取较多财富,但同时也承担一定的风险。因此,投资者需要平衡收益与风险之间的关系,并对互联网理财产品选择是否投资。

6.1 基本假设

(1) 引入"自然",此博弈中理解为金融机构中的产品设计部门,"自然"先选择类型(生产优秀互联网理财产品(H),生产不良互联网理财产品(L))。

(2) 该博弈模型中的参与者$i(i=1,2,3)$分别为金融机构、监管部门和投资者。三个参与方在博弈过程中是完全理性的,都能在客观环境下选择理性的决策(即双方的选择动力都是追求自身经济效益的最大化)。$E_i(i=1,2,3)$分别为金融

机构、监管部门和投资者的效益。

(3) 金融机构为追求经济效益的最大化和提高竞争力对互联网理财产品采取销售策略（X）和不销售策略（$\bar{X}$）；监管部门出于对监管成本、维护金融市场健康发展及降低金融风险的考虑可采取强化监管策略（S）或宽松监管策略（W）；投资者为保证效益最大化对互联网理财产品采取投资策略（T）和不投资策略（$\bar{T}$）。

(4) 博弈过程是动态的，首先，金融机构先行动，对产品设计部门生产的理财产品采取在互联网上销售或不销售；其次，监管部门根据金融机构的行动，对销售互联网理财产品的金融机构进行强化监管或宽松监管；最后，投资者选择对互联网理财产品投资或不投资。由于信息的不对称性，投资者不知道监管部门和金融机构的行动策略选择，金融机构知道产品设计部门的互联网理财产品是优秀还是不良，监管部门和投资者不知道，但会根据以往经验推断其优秀的概率为 p，不良的概率为 $1-p$。监管部门采取强化监管策略的概率为 α，宽松监管的概率为 $1-\alpha$；金融机构对互联网理财产品进行销售的概率为 β，不销售的概率为 $1-\beta$；投资者对互联网理财产品进行投资的概率为 θ；不投资的概率为 $1-\theta$。

(5) 金融机构生产并销售优秀互联网理财产品的成本为 C_1，为本机构带来的收入为 R_1；金融机构生产并销售不良互联网理财产品的成本为 C_1'，为本机构带来的收入为 R_1'。

(6) 监管部门采取强化监管比采取宽松监管成本多 C_2。当金融机构对生产的不良互联网理财产品进行销售时，若监管部门采取强化监管策略，则监管部门会对金融机构进行惩罚，惩罚记为 M_2，并禁止金融机构对此类理财产品进行销售；若监管部门采取宽松监管策略，但消费者对不良互联网理财产品进行投资，给整个金融市场带来风险，则监管部门由于监管不力会得到上级领导的惩罚 N_2。

(7) 投资者购买优秀互联网理财产品的效益为 R_3，对互联网理财产品的投资金额为 C_3；投资者购买不良互联网理财产品的成本为 C_3'。

6.2 模型构建

(1) 当金融机构对优秀互联网理财产品进行销售时，无论监管部门采取何种行动，若投资者对互联网理财产品投资，金融机构的收益为生产并销售优秀互联网理财产品为本机构带来的收入为 R_1 与成本 C_1 之差，即 $R_1 - C_1$；若投资者对互联网理财产品选择不投资，则金融机构的收益为生产优秀互联网理财产品的成本 $-C_1$。当金融机构生产并销售不良互联网理财产品时，若监管部门采取强化监管，则金融机构的收益为成本 C_1' 和监管部门对金融机构的惩罚 M_2 之和，即 $-C_1' - M_2$；若监管部门采取宽松监管策略，投资者对互联网理财产品选择投资，则金融机构的收益为生产并销售不良产品的收益 R_1' 与成本 C_1' 之差，即 $R_1' - C_1'$；若监管部门采取宽松监管策略，投资者不投资，则金融机构的收益为生产并销售不良产品的成本 C_1'，即 $-C_1'$。当金融机构对生产的优秀互联网理财产品采取不销售行动时，金融机构的收益为生产不良互联网理财产品的成本 $-C_1$。当金融机构对生产的不良互联网理财产品采取不销售行动时，金融机构的收益为生产不良互联网理财产品的成本 $-C_1'$。

（2）当金融机构对优秀互联网理财产品进行销售时，监管部门采取强化监管的收益为强化监管的成本 $-C_2$，采取宽松监管策略时的收益为 0。当金融机构对不良互联网理财产品进行销售时，监管部门采取强化监管的收益为对金融机构的惩罚 M_2 与采取强化监管的成本 C_2 之差，即 $M_2 - C_2$；采取宽松监管时，若投资者进行投资，则监管部门的收益为监管不力受到的上级惩罚 $-N_1$，若投资者不投资，则监管部门的收益为 0。

（3）当投资者对金融机构生产并销售的优秀互联网理财产品投资时，投资者的收益为投资者购买优秀互联网理财产品的效益为 R_3 与投资成本 C_3 之差，即 $R_3 - C_3$。当投资者对金融机构生产并销售的不良互联网理财产品投资时，若监管部门宽松监管，则投资者的收益为不良互联网理财产品的投资成本 $-C_3'$。当投资者对金融机构生产并销售的互联网理财产品不投资时，投资者的收益为 0。

基于以上假设，构建基于监管部门、金融机构和投资者三方的不完全信息动态博弈的博弈树，如图 6.1 所示。

根据以上内容，构建基于金融机构、监管部门和投资者三方的不完全信息动态博弈的博弈矩阵，如表 6.1 所示。

第 6 章 金融机构、政府、投资者三方博弈分析

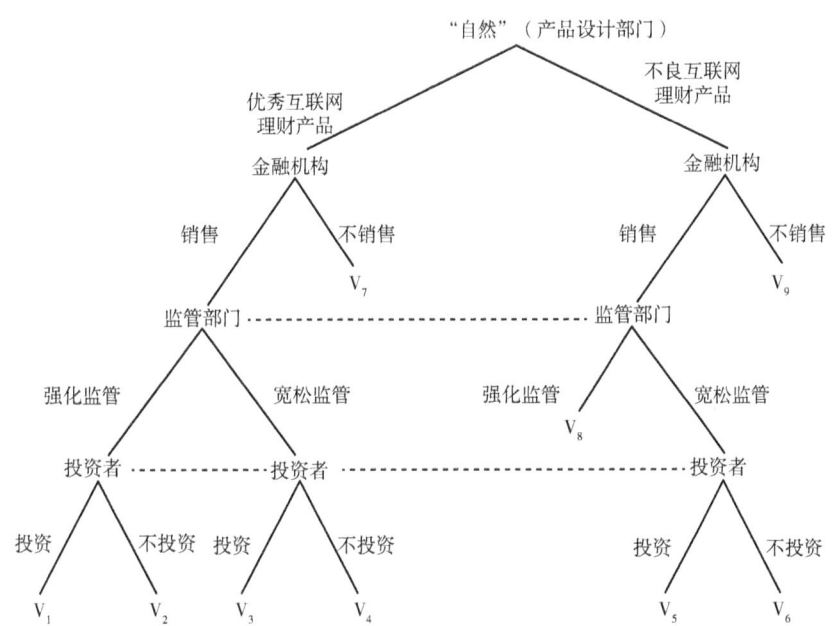

图 6.1 金融机构、监管部门和投资者三方的不完全信息动态博弈

表 6.1 金融机构、监管部门和投资者三方的不完全信息动态博弈

					投资者	
					投资 θ	不投资 $1-\theta$
金融机构	优秀互联网金融理财产品 p	销售 β	监管部门	强化监管 α	V_1	V_2
				宽松监管 $1-\alpha$	V_3	V_4
		不销售 $1-\beta$		强化监管 α	V_7	
				宽松监管 $1-\alpha$		
	不良互联网金融理财产品 $1-p$	销售 β		强化监管 α	V_8	
				宽松监管 $1-\alpha$	V_5	V_6
		不销售 $1-\beta$		强化监管 α	V_9	
				宽松监管 $1-\alpha$		

$V_j(j=1,2,\cdots,1,2)=$(金融机构的收益,监管部门的收益,投资者的收益)

$V_1=(R_1-C_1,-C_2,R_3-C_3)$ $V_2=(-C_1,-C_2,0)$

$V_3=(R_1-C_1,0,R_3-C_3)$ $V_4=(-C_1,0,0)$

$V_5=(R_1'-C_1',-N_2,-C_3')$ $V_6=(-C_1',0,0)$

$$V_7 = (-C_1, 0, 0) \qquad\qquad V_8 = (-C_1' - M_2, M_2 - C_2, 0)$$
$$V_9 = (-C_1', 0, 0)$$

6.3 模型分析

在该博弈中，首先，金融机构的产品设计部门先生产优秀或不良理财产品，金融机构选择对理财产品在互联网上销售或不销售；其次，监管部门根据以往经验对金融机构的选择做出判断，并选择行动；最后，投资者对互联网理财产品选择投资或不投资。当金融机构的产品设计部门生产优秀互联网理财产品时，进行销售是金融机构的最优策略选择；当金融机构的产品设计部门生产不良互联网理财产品时，金融机构以一定的概率选择销售或不销售。

在该博弈中，通过准分离均衡对博弈进行分析。准分离均衡是指当"自然"（产品设计部门）选择"生产优秀互联网理财产品"行动时，金融机构采取纯策略，即对优秀互联网理财产品进行销售；而选择"生产不良互联网理财产品"的金融机构采取混合策略，以一定的概率对不良互联网理财产品进行销售或不销售策略选择，监管部门一定的概率选择强化监管或宽松监管，而投资者也会以一定的概率选择投资或不投资策略。

$P(H) = p, P(L) = 1 - p$。投资者根据金融机构的策略选择对其类型进行判断：$P(X|H) = 1, P(X|L) = k$。根据贝叶斯法则修正投资者对销售互联网理财产品的金融机构的状态进行判断：

$$P(H|X) = \frac{P(H) * P(X|H)}{P(H) * P(X|H) + P(L) * P(X|L)} = \frac{p}{(1-p)*k + p}$$

$$P(L|X) = \frac{P(L) * P(X|L)}{P(H) * P(X|H) + P(L) * P(X|L)} = \frac{(1-p)*k}{(1-p)*k + p}$$

（1）当监管部门采取强化监管时，金融机构对不良互联网理财产品进行销售的收益如下：

$$E_1(S, X|L) = -C_1' - M_2$$

当监管部门采取宽松监管时，金融机构对不良互联网理财产品进行销售的收益如下：

$$E_1(W, X|L) = \theta * (R_1' - C_1') + (1 - \theta)(-C_1')$$

当金融机构对不良互联网理财产品进行销售时,金融机构的收益如下:

$$E_1(X \mid L) = \alpha * E_1(S, X \mid L) + (1 - \alpha) E_1(W, X \mid L)$$
$$= -\alpha * M_2 + \theta(1-\alpha) R_1' - C_1'$$

当金融机构对不良互联网理财产品选择不销售时,金融机构的收益如下:

$$E_1(\overline{X} \mid L) = -C_1'$$

当 $E_1(X \mid L) = E_1(\overline{X} \mid L)$ 时,得到 $\theta = \dfrac{\alpha M_2}{(1-\alpha) R_1'}$。

当 $\theta > \dfrac{\alpha M_2}{(1-\alpha) R_1'}$ 时,$E_1(X \mid L) < E_1(\overline{X} \mid L)$;

当 $\theta < \dfrac{\alpha M_2}{(1-\alpha) R_1'}$ 时,$E_1(X \mid L) > E_1(\overline{X} \mid L)$。

因此,当金融机构判断监管部门强化监管的概率大于 $\dfrac{\alpha M_2}{(1-\alpha) R_1'}$ 时,金融机构不会对不良的互联网理财产品进行销售;当金融机构判断监管部门强化监管的概率小于 $\dfrac{\alpha M_2}{(1-\alpha) R_1'}$ 时,金融机构则会对不良的互联网理财产品进行销售。

① θ 对 α 求偏导,得到 $\dfrac{\partial \theta}{\partial \alpha} > 0$ 为增函数,则 α 越大,θ 越大;α 越小,θ 越小。

推论1:当投资者判断监管部门采取强化监管的概率越大,出于追求利益最大化,投资者越会对金融机构销售的互联网理财产品进行投资,反之亦然。

② θ 对 M_2 求偏导,得到 $\dfrac{\partial \theta}{\partial M_2} > 0$ 为增函数,则 M_2 越大,θ 越大;α 越小,M_2 越小。

推论2:当监管部门采取强化监管对生产并销售不良互联网理财产品的金融机构的惩罚越大,金融机构越不会对不良互联网理财产品进行销售,则投资者越趋于选择投资,反之亦然。

③ θ 对 R_1' 求偏导,得到 $\dfrac{\partial \theta}{\partial R_1'} < 0$ 为减函数,则 R_1' 越大,θ 越小;α 越小,M_2 越大。

推论3:当金融机构对不良互联网理财产品进行销售获得的收益越大,金融机构越会选择对不良互联网理财产品销售以获得高额利润,而投资者越不会对互联网理财产品选择投资,反之亦然。

（2）金融机构对优秀或不良互联网理财产品进行销售时，监管部门对金融机构强化监管的收益如下：

$$E_2(S|X) = P(H|X)(-C_2) + P(L|X)(M_2 - C_2)$$
$$= \frac{p*(-C_2)}{(1-p)*k+p} + \frac{(1-p)*k*(M_2-C_2)}{(1-p)*k+p}$$

金融机构对优秀或不良互联网理财产品进行销售时，监管部门对金融机构采取宽松监管策略的收益如下：

$$E_2(W|X) = P(H|X)*0 + P(L|X)*\theta*(-N_2)$$
$$= \frac{(1-p)*k*\theta*(-N_2)}{(1-p)*k+p}$$

当 $E_2(S|X) = E_2(W|X)$ 时，得到 $k = \frac{pC_2}{(1-p)*(M_2-C_2-\theta N_2)}$

当 $k > \frac{pC_2}{(1-p)*(M_2-C_2+\theta N_2)}$ 时，$E_2(S|X) > E_2(W|X)$；

当 $k < \frac{pC_2}{(1-p)*(M_2-C_2+\theta N_2)}$ 时，$E_2(S|X) < E_2(W|X)$。

因此，当监管部门判断金融机构对不良互联网理财产品销售的概率大于 $\frac{pC_2}{(1-p)*(M_2-C_2+\theta N_2)}$ 时，监管部门采取强化监管策略；当监管部门判断金融机构对不良互联网理财产品销售的概率小于 $\frac{pC_2}{(1-p)*(M_2-C_2+\theta N_2)}$ 时，监管部门采取宽松监管策略。

① k 对 C_2 求偏导，得到 $\frac{\partial k}{\partial C_2} > 0$ 为增函数，则 C_2 越大，k 越大；C_2 越小，k 越小。

推论4：当监管部门采取强化监管的成本越高时，监管部门越不会采取强化监管策略，因此，金融机构越会趋于选择对不良互联网理财产品销售，反之亦然。

② k 对 M_2 求偏导，得到 $\frac{\partial k}{\partial M_2} < 0$ 为减函数，则 M_2 越大，k 越小；M_2 越小，k 越大。

推论5：当监管部门采取强化监管对生产并销售不良互联网理财产品的金融机构的惩罚越大，由于惧于高额惩罚，金融机构越不会对不良互联网理财产品进行销售，反之亦然。

③ k 对 N_2 求偏导，得到 $\frac{\partial k}{\partial N_2}<0$ 为减函数，则 N_2 越大，k 越小；N_2 越小，k 越大。

推论6：当监管部门由于监管不力受到的上级惩罚越严重，监管部门就越会选择强化监管，而金融机构也会相应改变策略选择，即趋于选择对不良互联网理财产品不销售，反之亦然。

④ 将 $k=\dfrac{pC_2}{(1-p)*(M_2-C_2-\theta N_2)}$ 化为 $\theta=\dfrac{pC_2}{(1-p)*k*N_2}-\dfrac{M_2-C_2}{N_2}$，$\theta$ 对 k 求偏导，得到 $\frac{\partial \theta}{\partial k}<0$ 为减函数，则 k 越大，θ 越小；k 越小，θ 越大。

推论7：当投资者判断金融机构对不良互联网理财产品销售的概率越大，投资者越不会投资，反之亦然。

（3）金融机构对优秀或不良互联网理财产品进行销售时，投资者对互联网理财产品进行投资的收益如下：

$$E_3(T\mid X) = P(H\mid X)*(R_3-C_3) + P(L\mid X)*(1-\alpha)(-C_3')$$
$$= \frac{p*(R_3-C_3)}{(1-p)*k+p} + \frac{(1-p)*k*(1-\alpha)(-C_3')}{(1-p)*k+p}$$

金融机构对优秀或不良互联网理财产品进行销售时，投资者对互联网理财产品不投资的收益如下：

$$E_3(\overline{T}\mid X) = 0$$

当 $E_3(T\mid X) = E_3(\overline{T}\mid X)$ 时，得到 $\alpha = 1 - \dfrac{p*(R_3-C_3)}{(1-p)*k*C_3'}$

当 $\alpha > 1 - \dfrac{p*(R_3-C_3)}{(1-p)*k*C_3'}$ 时，$E_3(T\mid X) > E_3(\overline{T}\mid X)$；

当 $\alpha < 1 - \dfrac{p*(R_3-C_3)}{(1-p)*k*C_3'}$ 时，$E_3(T\mid X) < E_3(\overline{T}\mid X)$。

因此，当投资者判断监管部门采取强化监管的概率大于 $1 - \dfrac{p*(R_3-C_3)}{(1-p)*k*C_3'}$ 时，投资者会对互联网理财产品进行投资；当投资者判断监管部门采取强化监管的概率小于 $1 - \dfrac{p*(R_3-C_3)}{(1-p)*k*C_3'}$ 时，投资者不会对互联网理财产品采取投资策略。

① α 对 $R_3 - C_3$ 求偏导,得到 $\frac{\partial \alpha}{\partial (R_3 - C_3)} < 0$ 为减函数,则 $R_3 - C_3$ 越大,α 越小;$R_3 - C_3$ 越小,α 越大。

推论 8:投资者投资优秀互联网理财产品的收益越大,则投资者越不会对不良互联网理财产品进行投资,因此,监管部门趋于选择宽松监管策略,反之亦然。

② α 对 k 求偏导,得到 $\frac{\partial \alpha}{\partial k} > 0$ 为增函数,则 k 越大,α 越大;k 越小,α 越小。

推论 9:当监管部门根据以往经验判断金融机构对不良金融理财产品销售的概率越大,为维护金融市场的稳定和投资者的权益,监管部门越会选择强化监管,反之亦然。

③ 将 $\alpha = 1 - \frac{p*(R_3 - C_3)}{(1-p)*k*C_3'}$ 化为 $k = \frac{p(R_3 - C_3)}{(1-p)(1-\alpha)C_3'}$,$k$ 对 C_3' 求偏导,得到 $\frac{\partial k}{\partial C_3'} < 0$ 为减函数,则 C_3' 越大,k 越小;C_3' 越小,k 越大。

推论 10:当投资者投资不良互联网理财产品的成本越高,投资者越不会选择投资行动,金融机构也会相应做出策略选择,即趋于对不良互联网理财产品不销售。

(4)由精炼贝叶斯纳什均衡结果可得,金融机构会对产品设计部门生产的优秀互联网理财产品采取销售的纯策略,对生产的不良互联网理财产品采取混合策略 $(k, 1-k)$,以 $k = \frac{pC_2}{(1-p)*(M_2 - C_2 + \theta N_2)}$ 的概率采取销售策略;金融机构采取混合策略 $(\alpha, 1-\alpha)$,以 $\alpha = 1 - \frac{p*(R_3 - C_3)}{(1-p)*k*C_3'}$ 对生产互联网理财产品的金融机构进行强化监管;投资者采取混合策略 $(\theta, 1-\theta)$,以 $\theta = \frac{\alpha M_2}{(1-\alpha)R_1'}$ 对互联网理财产品进行投资。

通过对金融机构、监管部门和投资者关于提高互联网理财产品质量的三方博弈关系学习,可以得出要实现提高互联网理财产品质量的目标,需要正确平衡并处理三者之间的关系。确保金融机构对优秀互联网理财产品进行销售,投资者对优秀互联网理财产品投资,实现互联网健康稳定发展。通过求解精炼贝叶斯纳什均衡,结合博弈模型的结果分析,给出以下建议:

(1)当金融机构对生产的不良互联网理财产品销售时,应增加监管部门对金融机构的惩罚力度,即增加监管部门对金融机构强化监管给金融机构带来的监管成本。同时,监管部门的上级领导应加大对监管部门监管不力的惩罚。由于上级领导的严厉惩罚,监管部门会强化对不良互联网理财产品的监管,从而提高监管的效率,降低金融机构对不良互联网理财产品的销售,维护金融市场的稳定。

(2) 降低我国监管部门的监管成本。第一,由于互联网理财产品的迅速发展,传统的金融监管已再适用,而监管人员素质不高的问题也越来越显现出来,监管手段的落后造成了资源的浪费和成本的提高;第二,我国尚未建立监管信息管理系统,无法达到监管信息资源共享,导致"一行三会"存在重复监管的现象,从而加大了监管成本。因此,为降低监管成本,首先,政府应加大对监管人员的培训程度,学习国际监管理念,减少人才资源的浪费。其次,建立监管信息管理系统,做到监管部门的信息共享,提高监管的有效性。最后,采取现场监管和非现场监管、线上和线下监管相结合的办法,降低监管成本。

(3) 转变监管部门主要对互联网理财产品进行监管的模式,把监管目标主要置于不良理财产品上。同时,对销售优秀互联网理财产品的金融机构采取鼓励措施,如给予奖励或通过媒体进行宣传,增加销售优秀互联网理财产品金融机构的利润,提高金融机构生产并销售优秀互联网理财产品的积极性。

(4) 构建的金融机构、监管部门和投资者三方的不完全信息动态博弈只是分析了一次性行动各自的选择。然而,现实中的互联网理财产品的监管并不是单次的,而是在重复的进行博弈策略选择。因此,在进一步的研究中,将会构建金融机构、监管部门和投资者三方的重复博弈模型,分析在多阶段重复博弈过程中三者的行动选择,从而提出提高我国互联网理财产品质量的建议。

第7章 基于 SERVQUAL 的金融创新产品质量评价

SERVQUAL 是 Service Quality 的缩写。SERVQUAL 评价模型由 Parasuraman 等于 1988 年提出的，后来在学术界和企业界得到广泛应用。该模型主要应用于服务和零售组织，用于评价顾客感知服务质量。SERVQUAL 是在坚实的实践经验和充分的概念详述基础上，按照严格的心理学测量程序开发出来的，具有很高的可靠性和有效性。

SERVQUAL 用系统方法建立了衡量服务质量的有效工具，自提出后，产生了巨大的影响，它比其他任何方法都更有效地把服务质量的研究引向深入。尽管 SERVQUAL 量表在最初开发时旨在可以应用到所有服务行业，但是实际上研究者都需要对其进行适当修改才能用于不同的行业中。在对具体的行业做服务质量评价时，需要适当增加或减少指标，或者需要改变指标的具体措辞。另外，质量可能并不一定完全表现为可靠性、保证性、响应性、移情性和感知性等五个属性。行业类别不同，服务质量属性的维度和类别也会有所变化。

本书计划基于 SERVQUAL 质量评价体系建立金融创新产品质量的评价体系，并对指标评价体系进行实证检验，为有效提高金融创新产品质量水平提供理论指导。

从国内外文献分析来看，尚未有研究金融创新产品质量评价的成果。前文从金融产品创新流程出发，探讨了金融创新产品质量的主要构成部分，认为金融创新产品质量评价体系应该包含产品设计、产品包装、产品运营、产品服务四个方面的内容。然而对于金融创新产品的设计与包装、运营与服务，一般往往难以界定。这里借鉴产品质量的内涵与外延的划分依据，对金融创新产品质量进行分析。通过专家访谈、问卷调查，从两个方面搜集指标，建立了系统的金融创新产品质量评价指标体系。通过组合赋权法对指标体系进行了赋值，并通过信度、拟合度等方法对指标体系的科学性进行验证。最后以银行理财产品质量对建立的金融创新产品质量评价体系进行实证分析，发现产品质量存在的问题，为提出产品质量改进策略奠定了基础。

7.1　金融创新产品质量评价维度

产品质量是指国家的有关法规、质量标准以及合同规定的对产品适用、安全和其他特性的要求。质量特性，区分了不同产品的不同用途，满足了人们的不同需要。人们就是根据产品的这些特性满足社会和人们需要的程度，来衡量产品质量好坏优劣。

产品是"过程的结果"。在质量管理体系的涉及的范畴内，组织的相关方对组织的产品、过程、体系都可以提出要求。质量有以下三层含义：符合性质量，以"符合"现行标准的程度作为衡量依据；适用性的质量，以适合顾客需要的程度作为衡量依据；广义质量，质量是一组固有特性满足要求的程度。

根据国际标准化组织制订的国际标准《质量管理和质量保证：术语》，产品质量是指产品"反映实体满足明确和隐含需要的能力和特性的总和"。我国国家标准 GB/T6583 中，将"质量"界定为产品、过程或服务满足规定或潜在要求（或需要）的特征和特性总和。这与国际标准化组织中的定义基本一致。产品质量是由各种要素所组成的，这些要素亦被称为产品所具有的特征和特性。不同的产品具有不同的特征和特性，其总和便构成了产品质量的内涵。产品质量要求反映了产品的特性和特性满足顾客和其他相关方要求的能力。

质量作为实体的内在规定性，具体表现为实体的一组特性，是实体的客观属性，是价值中立的，人们可以用客观的方法来了解和认识它；实体的这组特性不是独立存在的，而是在与主体的需要相结合后形成的，即实体是否满足主体需要的特性。价值主体的不同必然导致需要的不同，而同一主体在不同的时期，或同一时期的不同条件下也会表现出不同的需要，这就形成了同一实体不同的质量特性。由于主体的立场与角度不同，对质量的看法有所差异，金融创新产品质量应该存在这样三个方面的质量认识：

(1) 个适性质量：产品满足消费者需要的各种特征，即产品具有的使用价值及其附加价值。个适性质量是金融创新产品质量的核心质量。

(2) 内适性质量：产品满足服务提供者的各种特征，即产品生产者（银行等金融机构）要求的成本、收益等对产品质量有一定要求。

（3）外适性质量：产品满足其他利益相关者的特征，如政府监管、新闻媒体、中介组织如消费者协会等都会对产品质量有所期待。

个适性是金融创新产品的基点，是内适性和外适性的内核；内适性是外适性的前提和条件，没有内适性，外适性等方面的需要就不能得到有效的满足；外适性是内适性的外在反映和表现，内适性是通过外适性表现出来的，没有外适性，金融机构的各种活动及其服务就会变得盲目。

金融创新产品质量就是个适性质量、内适性质量和外适性质量的函数，即金融创新产品质量利益相关方对个适性质量、内适性质量和外适性质量的感知质量与期望之间的差异水平。外适性质量是以内适性质量、个适性质量为目标并为其服务的，外适性质量、内适性质量是以个适性质量为依据和依托的。个适性是内适性质量、外适性质量的源泉，外适性质量是内适性质量、个适性质量的重要保障，具体如图 7.1 所示。

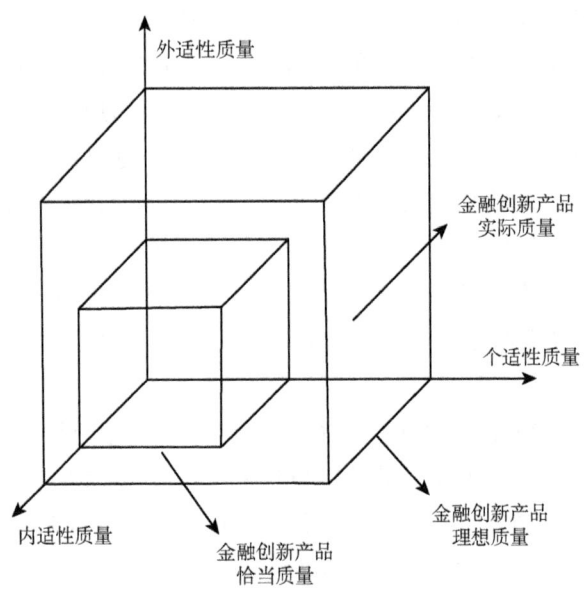

图 7.1　金融创新产品质量的维度与取向

由此可见，产品质量是用户对产品特性的主观感受与评价。如图 7.2 所示，理想服务表示用户希望得到的服务水平，恰当服务是用户可接受的最低服务，而预期服务是用户顾客实际上期望可以获得的服务水平。现实中用户所得到的实际水平介于理想服务和恰当服务之间。

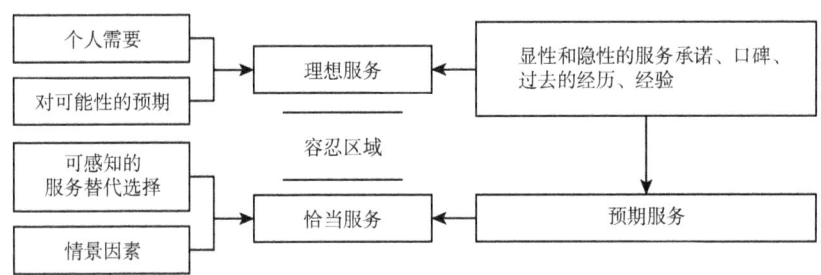

图 7.2 影响服务期望因素

鉴于前文对服务期望的讨论,金融创新产品质量就是个适性质量、内适性质量和外适性质量的函数,即金融创新产品质量利益相关方对个适性质量、内适性质量和外适性质量的感知质量与期望之间的差异水平。本书把反映产品使用目的的各种技术经济参数作为质量特性,主要分为个适性质量、内适性质量和外适性质量三个方面(见图 7.3)。

以 Q 表示某金融创新产品质量,x 表示利益相关方对产品的感知质量,X 表示利益相关方对产品的期望质量,i、j 表示产品质量的维度及内容,f 表示产品质量的维度及内容的权重,那么金融创新产品质量可以刻画成:

$$Q = \sum_{j}^{m} \sum_{i}^{n} \frac{x_{ij}}{X_{ij}} f_{ij}$$

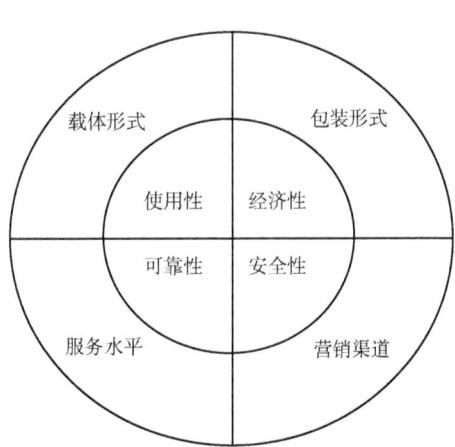

图 7.3 金融创新产品质量维度

7.2 金融创新产品质量评价指标体系

1. 指标选择原则

指标体系是指由若干相互联系的统计指标构成的有机整体。科学的指标体系应该满足综合性、层次性、逻辑性、可行性等特征。每一个统计指标从某一个方面反映了社会经济现象的某个特征。因此，建立科学的评价指标体系必须满足一些基本原则。筛选金融创新产品质量指标必须遵循以下原则：

（1）综合性。

综合性指指标体系必须涵盖所涉及的对象的主要内容，不能忽略或没有涉及那些重要的内容。对金融创新产品质量评价体系，评价指标一方面包含了产品内在质量指标，另一方面也包含了产品外观质量指标，而每一个维度又包含了产品质量的具体内容，做到形式与内容平衡、主观与客观协调、手段与目的兼顾。

（2）层次性。

层次性指指标体系内部维度之间存在层级关系。一级、二级、三级指标可以涵盖所有的评价属性内容，同时各级指标之间还是层级分明的关系。对于金融创新产品质量，产品内在与外观质量可以涵盖产品质量的所有内容，而使用性、经济性、可靠性、安全性可以涵盖产品内在质量的内容，载体形式、包装样式、营销渠道、服务水平等可以涵盖产品外观质量的内容，以此类推。

（3）逻辑性。

逻辑性是指指标体系内部各指标之间有紧密的依存关系。一级、二级、三级指标不同维度指标之间、同一维度指标内部存在密切的逻辑关系。对金融创新产品质量评价体系，产品内在质量是基础、是根本，产品外观质量是保障、是形式。对于产品内在质量而言，使用性是基础，经济性、可靠性、安全性是形式；对于产品外观质量而言，服务水平是基础，载体形式、包装样式、营销渠道是补充。

分析金融创新产品质量的一个重要目的就是对金融产品的质量进行评价。要评价金融产品的质量，就必须根据金融创新产品的特点设计科学的金融创新产品质量评价指标。

2. 个适性质量及指标

产品个适性质量是消费者个人感知到的金融创新产品质量与消费者个人对金融创新产品质量期望的差异程度。产品满足消费者需要的各种特征，即产品具有的使用价值及其附加价值。个适性质量是金融创新产品质量的核心质量。消费者个人对金融创新产品的需要主要表现在使用性、有形性和响应性三个方面。

（1）使用性。

使用性指产品具有适合顾客要求的性能，产品在一定条件下，实现预定目的或者规定用途的能力。任何产品都具有其特定的使用目的或者用途。对于金融创新产品，其使用性在于产品满足顾客不同需求的能力。一般来讲，顾客从金融创新产品那里期望得到支付、理财、融资及安全四个方面的需要。

第三方支付满足顾客的支付需求，银行、基金、证券等满足顾客的融资、理财需求，保险满足顾客的保险需求。不同的金融创新产品满足顾客的金融需求有差异。使用性是金融创新产品使用价值的主要内容和产品质量最重要的体现形式，如表7.1所示。

表7.1　　　　　　　　　　金融创新产品及其功能

支付	融资	投资理财	风险管理
银行			
第三方支付		P2P信贷平台	保险
		众筹产品	
		资产交易平台	
	微贷	基金	征信
		证券	
		财富管理、其他理财	

金融创新产品满足顾客的基本金融需求主要有支付、融资、理财及安全四种需要。金融创新产品的使用性主要是其使用价值，即满足顾客的基本金融需要。

顾客购买、使用金融创新产品，从金融机构融入资金，按照约定期限归还本金及支付利息，顾客满足的是融资需要，即付出成本并获得收益。融资的目的是满足投资性需要，表现形式是通过各种贷款及担保获得利差。企业需要在有贸易相关商业票据或银行单证作为还款保证，获得便利性融资以增加企业的现金流，而需要付出融资利息及手续费用等。对于个人融资，如为了清偿债务需要金融机构提供担保，个人融资也要付出较高的利息成本，得到自身各类需要的满足。

顾客购买或使用金融创新产品，很大一部分是为了满足投资理财的需要，而投资理财的成败很大程度上取决于收益大小。顾客投入一定本金，在承担一定风险的情况下，可以获得一定的收益，这种理财形式可以是金融机构自营的创新理财产品，也可以是其代理的创新理财产品，如开放式基金、实物黄金、保险、记账式国债、凭证式国债等。金融机构自营产品经营目标是为了提高投资收益，而代理的金融创新产品是为了通过建立顾客黏性从而增加顾客忠诚度。在顾客使用金融创新产品满足投资理财需要的时候，顾客付出的是投资的机会成本及各种管理费用，如手续费，而顾客得到的是理财的利息收益。

传统金融支付结算业务主要满足顾客的支付需要，属于发展比较成熟的产品，新兴的支付结算业务也可以满足支付需要。顾客的金融资产不会全部用来投资获取收益或购买保险规避风险，需要留出一部分用来满足各种支付需要。顾客持有金融创新产品，一个重要的作用是用来满足支付需要，如支付宝、财付通，以及银行为顾客办理债权债务关系从而产生的货币支付、资金划拨的金融业务。

流动性是产品支付需要的重要表现，指产品变现的难易程度。流动性水平数值越大，说明金融产品的流动性越好，反之则越差；增值性是产品投资理财的表现，指产品增值程度，增值性水平越高，说明金融产品的增值性越高，反之亦然；其他服务如查询、支付、安全也是消费者关注的产品质量维度。综上所述，用以下三个指标来衡量使用性：

① 产品的流动性水平（可变现天数）；
② 产品的增值性（年投资回报率）；
③ 其他服务特征（查询、支付、安全）。

（2）有形性。

服务是无形的，但服务设施、服务设备、营业环境、服务人员、顾客市场沟通资料、价目表却是有形的。服务性企业的有形物和人物不仅仅是无形服务的支持，而且是服务质量的广告，是企业的语言，顾客可以通过他们来推测服务质量，以便减少购买风险，确定应购买哪个金融机构的产品和服务。金融创新产品本质上属于一种服务，这种无形的服务离不开金融机构的固定设施、设备和技术。金融创新产品的质量离不开金融机构的设施、技术水平、服务环境以及服务人员的着装。金融机构是否有现代化的设备和技术,金融机构的环境设施与其提供的服务是否一致,环境设施在感官上的舒服程度,以及服务人员的着装一致性等都会对消费者对金融创新产品质量的满意度水平和总体期望程度产生重要影响。这里,用以下三个指标来衡量金融创新产品的有形性:

① 设备数量与技术水平;
② 营业环境安全舒适度;
③ 工作人员着装得体、干净整洁、态度礼貌。

(3) 响应性。

响应性是指服务性企业随时准备帮助顾客、为顾客提供快捷、有效的服务。研究表明,在服务传递过程中,顾客等候服务的时间是影响顾客的感觉、顾客的印象、服务企业形象以及顾客满意度的重要因素。让客户等待,特别是无原因的等待,对质量感知造成不必要的消极影响。出现服务失败时,迅速解决问题会给客户质量感知带来积极的影响。对于那些困难的客户或者需要超出一般标准的服务的客户来说,快速响应显得尤为重要。服务人员应该乐意并随时提供服务。所以,尽可能地缩短顾客等候服务的时间,提高服务传递效率无疑将大大提高服务企业的服务质量。

产品或服务往往要借助一种有形的物质来完成产品功能的实现,即产品或服务功能的发挥要或多或少的通过某种载体形式来实现。金融创新产品往往是一种服务形式,但也离不开服务的载体,其要满足顾客对金融创新产品的支付、融资、理财及安全需要也要通过有形卡、纸质材料、虚拟网络等来实现。金融创新产品本质上是服务,但往往需要借助有形的载体实现其价值。一般说来,载体形式越完善,顾客感知到的产品质量越高。

营销渠道是产品从生产到顾客消费所经过的中间环节。对于传统有形产品来说,营销渠道是所经过的各级分销商,如批发、零售、代理等中间商。对于金融创新产品这种无形服务来说,主要有三种营销渠道:顾客前往服务场所、服务供应商前往顾客处、服务组织与顾客远距离传递服务。金融创新产品种类多样,其服务实现渠道也可以有多种选择。顾客前往服务场所,地点与营业时间上的便利性显得尤为重要。服务提供商也会前往顾客处提供服务,相对个人,服务提供商更倾向前往企业所在地。当顾客远距离与服务组织大家到的时候,顾客可能永远不会看到服务设备,也不会面对面的服务人员交流,顾客与服务人员发生互动有可能通过电话中心完成。任何信息型产品都可以以即时的速度通过互联网向世界上任何地点进行传递。

与其他金融创新产品质量内容一样，服务水平是金融服务机构的产品（服务）与顾客对产品的主观感受之间的差异化程度。服务水平主要是指顾客在使用创新产品的过程中对服务人员提供服务的一个总体评价。顾客在首次使用或使用过程中出现质量问题、存在服务沟通以及使用之后的服务反馈、顾客评价等情况，就会产生顾客对服务水平的感知问题。服务水平是顾客对金融服务机构提供的创新产品的直观感受，顾客对产品的功能期待、服务过程感受、服务结果的评价等都会影响顾客对金融服务机构的服务水平质量感受。服务水平也会受到服务的质量与顾客主观期望、感受的影响。金融服务机构提供的服务水平高于顾客期望的服务水平越大，产品质量越高。

综上所述，用以下六个指标来衡量响应性：
① 工作人员及时、准确服务；
② 工作人员总是愿意帮助顾客；
③ 网点满足顾客需要程度；
④ 工作窗口满足顾客需要程度；
⑤ 业务办理时间的无限制性；
⑥ 工作流程的简洁性。

3. 内适性质量及指标

内适性质量是产品满足产品或服务提供者的各类需要的程度。产品提供者即金融机构对产品质量的追求主要体现在对成本、利润的关注上。产品使用价值的主要体现，而产品的外观质量是产品使用价值的载体，产品的内在质量是主要的、基本的，只有在内在质量的前提下，外观质量才有意义，但内在质量离不开外观质量的支持。产品的内适性质量主要包括产品的经济性、保证性和移情性等方面。

（1）经济性。

经济性指产品（服务）经济寿命周期内的总费用的多少，产品的设计、制造、使用等各方面所付出或所消耗成本的程度。经济性包含产品提供者可获得经济利益的程度，即投入与产出的效益能力，经济性决定了产品满足服务提供者的成本。对于金融创新产品，其经济性主要表现在企业为满足顾客使用性需要而付出物质、精神等投入方面的主观感受性。如顾客为了通过办理支付手续开通支付业务，最终实现支付上的便利需要；顾客通过网络实现P2P信贷、众筹实现融资、理财的需要；顾客通过网络实现生命、财产方面的保险需要等，其中付出的时间、精力及得到的各种满足感都是金融创新产品在经济上的体现。

此外，由于资源的稀缺性，资金存在机会成本，投入到一定领域的资金会影响其他更有价值的投资领域的使用，机会成本也是衡量金融创新产品质量对于服务提供者角度重要内容之一。因此，用以下两个指标来衡量经济性：

① 净资产收益率；
② 收费合理性、公开透明程度；
③ 机会成本大小。

（2）保证性。

保证性指服务提供者对于在服务过程中所展现出来的服务水平使顾客产生信任和安全感。当顾客同一位友好、和善且知识渊博的服务人员打交道时，他就会认为自己找对了公司，从而获得信心和安全感。保证性描述的是顾客接受服务时对服务人员的信任情况、服务人员的自信以及他们提供服务时的礼貌和能力。如果消费者对保证性评价较高，意味着消费者对服务人员能够理解，且对满足他们的需要表示满意；如果消费者对某服务企业的保证性评价较低，消费者就会对此企业的服务情况产生较多顾虑。

综上所述，用以下三个指标来衡量保证性：

① 工作人员的服务记录可查询；
② 工作人员的服务过程可靠；
③ 工作人员知识、技能胜任度。

（3）可靠性。

可靠性指产品在规定条件和规定的时间内，完成规定功能的程度和能力，或者不发生故障的特性。可靠性决定了产品满足顾客使用性方面的稳定程度。

对于金融创新产品来说，其可靠性表现在顾客在使用过程中，产品表现出来的稳定性，如顾客在每次使用支付过程中的一致性，使用融资、理财过程中的稳定性，以及使用保险过程中的顺利性等。对于金融创新产品而言，其可靠性越高，产品质量水平越高。顾客要求可靠的服务，不可靠的服务绝对是劣质的。服务的可靠性要求企业在"正确的时间、正确的地点用正确的方式提供正确的服务"。它体现在服务工作的所有方面：

① 及时完成对顾客的服务承诺；
② 过程便于非专业人员操作；
③ 交易错误率低。

(4) 移情性。

移情性是指金融服务工作人员是否设身处地为顾客着想，关心顾客，为顾客提供个性化服务等。如金融机构为协助客户有效进行资金管理而提供的账户管理、收付款、流动性管理、投融资管理、风险管理等系列金融产品和服务的组合方案；金融机构为了在流通过程中保护产品、方便贮运、促进销售，按一定技术方法而采用的容器、材料及辅助物等的过程中施加一定技术方法等的操作。综上所述，用以下五个指标来衡量移情性：

① 功能指引的正确性、明确性；
② 操作流程的清晰性、便捷性；
③ 产品样式与载体的人性化程度；
④ 针对不同类型顾客提供个性化服务；
⑤ 工作人员了解顾客需求努力程度。

4. 外适性质量及指标

外适性质量：产品满足其他利益相关者的特征，如政府监管、新闻媒体、中介组织如消费者协会等都会对产品质量有所期待。

(1) 风险性。

保险特性主要反映产品的安全性程度。收益与风险相伴随，高收益的同时往往伴随着高风险。顾客为了规避未来的不确定因素，也会购买使用具有保险功能的金融创新产品。因此，金融创新产品满足顾客的保险需要的能力成为评价金融创新产品保险特性的重要维度。

任何产品或服务在使用过程中都会产生人身安全、财产损失或对环境产生危害的可能性，因此，风险性是产品质量的重要体现形式之一。对于不同的金融创新产品而言，其安全性表现形式有一定差异，但本质上都是产品质量在安全性方面的体现。第三方支付产品运行中可能表现出支付安全或支付损失，投资理财产品、融资产品表现出交易安全或遭受盗取损失，保险产品使用中发挥保险功能或丧失保险功能遭受损失，都是产品质量在安全性方面的表现形式。可以说，金融创新产品安全性越高，其产品质量水平越高。

一般来说，顾客在使用金融创新产品的过程中，面临的风险主要有流动性风险、收益性风险及信用风险。流动性风险指产品无法满足顾客资金流动需要或顾客付出额外成本后才能获得充足资金的风险；收益性风险是由于产品受到市场价格波动带来的预期收益损失的风险；信用风险是由于交易双方的一方违约或履约

能力降低造成另一方收益受损的风险。综上所述,用以下三个指标来衡量风险性:

① 流动性风险;
② 市场风险;
③ 信用风险。

(2) 保障性。

保障性指服务过程中对顾客财产、安全及顾客隐私的保障程度,主要包括两方面内容,即与产品保障有关的制度特征和保障资源的充足和适用水平。产品保障有关的制度特征包括法律法规的完善程度、监督管理水平;保障资源的充足和适用水平包括违规信息的披露、顾客信息的保密性等。综上所述,用以下三个指标来衡量保障性:

① 法规保障度(纠纷解决机制);
② 私人信息的保密性;
③ 严格的监督管理;
④ 信息披露的及时性。

依据前文对金融创新产品质量的分析,本研究建立的金融创新产品质量评价指标体系如表 7.2 所示。

表 7.2　　　　　　　　金融创新产品质量评价指标体系

属性	维度	指标	编号
个适性质量	使用性	产品的流动性水平(可变现天数)	PQ_1
		产品的增值性(年投资回报率)	PQ_2
		其他服务特征(查询、支付、安全)	PQ_3
	有形性	设备数量与技术水平	PQ_4
		营业环境安全舒适度	PQ_5
		工作人员着装得体、干净整洁、态度礼貌	PQ_6
	响应性	工作人员及时、准确服务	PQ_7
		工作人员总是愿意帮助顾客	PQ_8
		网点满足顾客需要程度	PQ_9
		工作窗口满足顾客需要程度	PQ_{10}
		业务办理时间的无限制性	PQ_{11}
		工作流程的简洁性	PQ_{12}

续表

属性	维度	指　标	编号
内适性质量	经济性	净资产收益率	PQ_{13}
		收费合理性、公开透明程度	PQ_{14}
		机会成本大小	PQ_{15}
	保证性	工作人员的服务记录可查询	PQ_{16}
		工作人员的服务过程可靠	PQ_{17}
		工作人员知识、技能胜任度	PQ_{18}
	可靠性	及时完成对顾客的服务承诺	PQ_{19}
		过程便于非专业人员操作	PQ_{20}
		交易错误率低	PQ_{21}
	移情性	功能指引的正确性、明确性	PQ_{22}
		操作流程的清晰性、便捷性	PQ_{23}
		产品样式与载体的人性化程度	PQ_{24}
		针对不同类型顾客提供个性化服务	PQ_{25}
		工作人员了解顾客需求努力程度	PQ_{26}
外适性质量	风险性	流动性风险	PQ_{27}
		市场风险	PQ_{28}
		信用风险	PQ_{29}
	保障性	法规保障度（纠纷解决机制）	PQ_{30}
		私人信息的保密性	PQ_{31}
		严格的监督管理	PQ_{32}
		信息披露的及时性	PQ_{33}

表 7.3　　金融创新产品（服务）质量指标相关研究

	指标／以往研究学者	Wolfinbarg (2003)	胡左浩 (2004)	Parasuraman (2005)	Holloway (2008)	欧阳 (2010)	明邦祥 (2015)	焦瑾璞 (2015)
使用性	1. 产品的流动性水平（可变现天数）	☀		☀	☀	☀		☀
	2. 产品的增值性（年投资回报率）	☀	☀	☀	☀	☀		
	3. 其他服务特征（查询、支付、安全）	☀				☀		☀
有形性	4. 设备数量与技术水平			☀			☀	☀
	5. 营业环境安全舒适度	☀	☀		☀			
	6. 工作人员着装得体、干净整洁、态度礼貌	☀	☀		☀		☀	

续表

指标 / 以往研究学者		Wolfinbarg (2003)	胡左浩 (2004)	Parasuraman (2005)	Holloway (2008)	欧阳 (2010)	明邦祥 (2015)	焦瑾璞 (2015)
响应性	7. 工作人员及时、准确服务	☀	☀		☀		☀	
	8. 工作人员总是愿意帮助顾客	☀	☀	☀	☀		☀	
	9. 网点满足顾客需要程度	☀	☀		☀		☀	☀
	10. 工作窗口满足顾客需要程度	☀	☀		☀			
	11. 业务办理时间的无限制性							
	12. 工作流程的简洁性	☀			☀			
经济性	13. 净资产收益率					☀		☀
	14. 收费合理性、公开透明程度					☀		☀
	15. 机会成本大小							☀
保证性	16. 工作人员的服务记录可查询		☀					
	17. 工作人员的服务过程可靠	☀		☀	☀			
	18. 工作人员知识、技能胜任度						☀	☀
可靠性	19. 及时完成对顾客的服务承诺		☀	☀			☀	
	20. 过程便于非专业人员操作							
	21. 交易错误率低		☀				☀	
移情性	22. 功能指引的正确性、明确性	☀			☀			
	23. 操作流程的清晰性、便捷性	☀			☀			
	24. 产品样式与载体的人性化程度	☀						
	25. 针对不同类型顾客提供个性化服务		☀	☀				
	26. 工作人员了解顾客需求努力程度	☀						
风险性	27. 流动性风险					☀		
	28. 市场风险					☀		
	29. 信用风险	☀				☀		
保障性	30. 法规保障度（纠纷解决机制）	☀		☀	☀		☀	☀
	31. 私人信息的保密性	☀		☀	☀			☀
	32. 严格的监督管理						☀	
	33. 信息披露的及时性						☀	☀

7.3 金融创新产品质量评价指标体系权重

建立一套评价属性指标体系，并对各评价属性确定权重是建立评价指标体系的主要内容。一般说来，属性权重的确定方法主要有客观赋权法和主观赋权法，常用的客观赋权法主要有熵值法、主成分分析法、目标规划法等，常用的主观赋权法主要有专家调查法、点估计值法、二项系数法、判断矩阵法等。

主观赋权法可以有效地运用决策者的经验和知识，但其灵活性和易变性又带有较多的主观随意性。客观赋权法虽具有较强的理论依据，但不能考虑决策者的主观意愿，有时候与属性的实际重要性冲突。基于这种情况，许多学者提出综合主、客观赋权法的组合赋权法，交互式赋值法、组合TOPSIS方法等。也有学者运用基于方差最大化的组合赋权法进行属性权重的确定（孙莹，2011），其中客观权重采用粗糙集理论确定，主观权重采用层次分析法确定。

1. 属性权重确定思路

权重的确定对于综合评价结果有直接影响，由于客观事物的复杂性和思维的模糊性，很难给出每个属性的权重。运用归一化约束条件的方差最大化方法来确定权重向量，可以解决这个问题。该方法的基本思想是，如果所有决策方案在某个属性f_i下的属性值差异越小，则说明该属性在整个方案评价排序的结果中所起的作用越小，从而应该赋予其越小的权重；反之，如果方案属性值偏差越大，则该属性应赋予更大的权重，如果所有决策方案在属性f_i下的属性值没有差异，则该属性对于方案的评价排序将起不到作用，从而可以令其权重为0。

徐泽水（2001）针对属性权重完全未知或权重信息部分确定的多属性决策问题，对方差最大化决策方法进行了论述。证明该方法充分利用规范化评价的先验信息，得到客观可靠的评价结果。

假设$X=(x_1,x_2,\cdots,x_n)$为方案集，$G=(f_1,f_2,\cdots,f_m)$是属性集。$y_{ij}=f_i(x_j)$，$(i=1,2,\cdots,m;j=1,2,\cdots,n)$是方案$x_j$在属性$f_i$下的属性值。$r_{ij}$为决策矩阵$Y=(y_{ij})_{m\times n}$的规范化结果，属性的权重向量为$\omega=(\omega_1,\omega_2,\cdots,\omega_n)^r$，其中$\omega_1\geq 0$，$\sum\omega_i=1$。从而得到方案$x_j$的综合属性值为：

$$r_j = \sum_{i=1}^{m}\omega_i r_{ij}, j\in N$$

综合属性值评判结果r_{ij}值越大，对应方案就越优。

对于属性f_i，若决策方案x_j与其他决策方案的偏差用方差$\sigma_{ij}(\omega)$表示，则可以定义：

$$\sigma_i(\omega) = \sum_{j=1}^{n}\sigma_{ij}(\omega) = \sum_{j=1}^{n}(\omega_i r_{ij} - \omega_i \bar{r}_i)^2, i\in M, j\in N$$

对于属性f_i而言，$\sigma_i(\omega)$表示所有决策方案与其他决策方案的总方差，权向

量 ω 的选择应使得所有属性对所有决策方案的总方差最大,从而可以构造偏差函数:

$$\sigma(\omega) = \sum_{i=1}^{m} \sigma_i(\omega)$$
$$= \sum_{i=1}^{m} \sum_{j=1}^{n} (\omega_i r_{ij} - \omega_i \bar{r}_i)^2$$
$$= \sum_{i=1}^{m} \sum_{j=1}^{n} (r_{ij} - \bar{r}_i)^2 \omega^2$$

从而通过求解下面的单目标最优化问题模型,就可以求出属性的权重向量。

$$\sigma(\omega) = \sum_{i=1}^{m} \sum_{j=1}^{n} (r_{ij} - \bar{r}_i)^2 \omega^2$$
$$s.t. \sum_{i=1}^{m} \omega_i = 1, \omega_i \geq 0, i \in M$$

2. 主客观组合赋权方法

(1) 属性客观权重的确定。

粗糙集理论是波兰数学家 Pawlak 于 1982 年提出的一种数据分析理论,利用粗糙集方法分析决策表,可以评价特定属性的重要性,建立属性集以及从决策表中去除冗余属性,从决策表中产生分类规则并利用得到的规则进行决策。

粗糙理论作为一种处理不确定、不精确、不完备信息的数学工具,在人工智能和认知科学特别是在智能信息处理等领域得到了广泛应用。有些学者将粗糙集理论引入决策科学,利用粗糙集的不依赖先验知识,只需数据本身得出数据中蕴含的性质这一特点,能客观地确定各种指标的权重。在管理决策的权重确定中,基于粗糙集理论的权重确定方法在诸多领域得到了应用和发展。

① 属性的重要度。

在粗糙集理论中,将 $S=(U,C,V,f)$ 定义为一个信息系统,其中 $U=\{x_1,x_2,\cdots,x_n\}$,其中 $U=\{x_1,x_2,\cdots,x_n\}$ 是论域,C 为条件属性集;$f:U \times C \rightarrow V$ 是信息函数,它为每个研究对象的每一个属性均赋予一个信息值。其中 $V=\cup Va$,$a \in C$,Va 表示属性 a 的值域。每一个属性子集 $P \subseteq C$ 决定了一个二元不可区分关系 $IND(P)$:

$$IND(P) = \{(x,y) \in U \times U | \forall a \in P, f(x,a) = f(y,a)\}$$

关系 $IND(P)$ 构成了 U 的一个划分,用 $U/IND(P)$ 来表示,可以简记为

$U/P = \{P_1, P_2, \cdots, P_k\}$,$U/P$ 中的任何元素 $P_i = [x]P = \{y | a \in P, f(x,a) = f(y,a)\}$ 称为等价类。

将一个决策表定义为 $S = (U, C, D, V, f)$,其中 $U = \{x_1, x_2, \cdots, x_n\}$ 是论域,C 为条件属性集,D 为决策属性集,$F: U \times (C \cup D) \to V$ 是信息函数,其中 $F = C \cup D$,$V = \cup Va, a \in F$,Va 表示属性 a 的值域。如果在决策表中去掉决策属性,那么决策表就变成了信息系统,也就是说信息系统与决策表的差别在于是否含有决策属性。

在决策表 $S = (U, C, D, V, f)$ 中,对于 $\forall A \subseteq C$,假设 $U/A = \{A_1, A_2, \cdots, A_m\}$ 表示由条件属性集 A 对论域 U 的划分,$\forall X \subseteq U$,记 $A * (X) = \cup \{Aj | Aj \subseteq X\}$,则可以称 $A * (X)$ 为 X 在 U 上关于 A 的下近似集。

在决策表 $S = (U, C, D, V, f)$ 中,对于 $\forall A \subseteq C$,假设 $U/A = \{A_1, A_2, \cdots, A_m\}$ 表示由条件属性集 A 对论域 U 的划分,$U/D = \{D_1, D_2, \cdots, D_h\}$ 表示决策属性集 D 对论域 U 的划分,则称 $POS_A(D) = \bigcup_{D_i \in U/D} A * (D_i)$ 为条件属性集 A 在论域 U 关于决策属性 D 的正区域,简称正区域。

根据上述定义,可以来定义属性 a 的重要度的概念。在信息系统 $S = (U, C, D, V, f)$ 中,$\forall a \in C$,假设 $U/\{a\} = \{A_1, A_2, \cdots, A_m\}$,则定义属性 a 的重要度为:

$$Sig(\{a\}) = \sum_{i=1}^{m} \frac{|A_i||U - A_i|}{|U|(|U|-1)}$$

② 属性权重的确定。

在基于 HU 的差别矩阵中,$|A_i||U - A_i|$ 表示属性 $\{a\}$ 在差别矩阵中所产生的差别元素的总数,通常用属性 $\{a\}$ 产生的差别元素的总数大小来作为启发信息,即如果某属性 $\{a\}$ 产生的差别元素的总数越大,则认为属性 $\{a\}$ 的重要性程度越高。在此也运用这一度量来度量信息系统中属性的重要度。

在信息系统 $S = (U, C, D, V, f)$ 中,$\forall c_i \in C$,可以按如下公式定义属性 c_i 在信息系统中的权重。

$$W(\{c_i\}) = \frac{Sig(\{c_i\})}{\sum_{j=1}^{|C|} Sig(\{c_j\})}$$

(2) 属性主观权重的确定。

层次分析法由美国运筹学家 Saaty 于 20 世纪 70 年代中期提出,这是一种简明实用的定性与定量分析相结合的系统分析与评价方法。层次分析法处理决策问题的基本思路是：把多目标、多准则且难以标准量化处理的决策问题化为多层次的单目标问题，通过两两比较来确定同一层次上各个元素相对上一层次元素的重要程度，最后得到指标的权重。层次分析法进行评价问题的基本步骤是：

第一步，建立指标层次结构。将问题中涉及的各个指标划分为不同层次，并确定各个层次指标之间的关系。

第二步，构造判断矩阵。在多属性评价中，特别是当评价指标较多时，人们很难直接考虑确定各个指标的重要程度。层次分析法要求对于每一层次中各指标的相对重要程度给出判断，并用数值对这种判断进行标度，形成判断矩阵。

第三步，计算排序权重。对第二步中指标两两重要程度的判断矩阵进行计算，得出同一层次下各指标的权重。

第四步，一致性检验。在对各指标重要程度进行两两比较时，可能会出现一些误差无法满足一致性。为了保证应用层次分析法确定权重的合理性，需要对判断的结果进行一致性检验。

层次分析法的核心思想有两个：一是指标的分层，即通过建立问题所相应的层次结构模型，运用分层的思想将所研究的复杂问题就转化为层次中的排序计算问题；二是运用两两比较的思想，通过这一思想解决了人们对与多因素相对重要程度难以进行判断的问题。层次分析法可以解决复杂系统下各因素的排序问题，因此该方法在诸多领域得到非常广泛的应用。

（3）主客观组合赋权方法。

设某个多属性决策问题，其方案集为 $X=(x_1,x_2,\cdots,x_n)$，$G=(f_1,f_2,\cdots,f_m)$ 是属性集。$Y_{ij}=f_i(x_j)$，$(i=1,2,\cdots,m;j=1,2,\cdots,n)$ 是方案 x_j 在属性 f_i 下的属性值。r_{ij} 为决策矩阵 $Y=(y_{ij})_{m\times n}$ 的规范化结果。如果确定了权重向量 $\omega=(\omega_1,\omega_2,\cdots,\omega_m)^r$，就可以计算每个方案的评价结果：

$$Z_i = \sum_{i=1}^{m}\omega_i r_{ij}$$

对于主观赋权和客观赋权两种方式，各自都有一定的优点和缺点。这里先采用粗糙集理论和层次分析法分别确定评价属性的客观权重和主观权重，然后基于方差最大化原理采用了主观权重和客观权重相结合的组合赋权方式。

这里假设前面按照粗糙集理论确定的客观权重向量为 $U=(u_1,u_2,\cdots,u_m)^r$，

$u_j \geq 0$, $\sum_{j=1}^{m} u_j = 1$。又假设按照前面层次分析法确定的 $V = (v_1, v_2, \cdots, v_m)^\tau$, $v_j \geq 0$, $\sum_{j=1}^{m} v_j = 1$。为了综合主观和客观赋权两种方法的特点,把两种权重的线性组合表示为集成权重 $\omega = \alpha U + \beta V$,其中 $w = (w_1, w_2, \cdots, w_m)^\tau$, α, β 为组合权向量的线性表示系数, $\alpha \geq 0, \beta \geq 0$,且 α, β 满足单位化约束条件 $\alpha^2 + \beta^2 = 1$。在已经确定了主观权重 $V = (v_1, v_2, \cdots, v_m)^\tau$ 和客观权重 $U = (u_1, u_2, \cdots, u_m)^\tau$ 的情况下,要得到最终集成的权重向量 $w = (w_1, w_2, \cdots, w_m)^\tau$,只需要确定 α, β 值即可。下面运用方差最大化原理来确定 α, β 的取值。

在多属性决策中,如果第 j 个属性对所有决策方案而言均没有明显差别,那么,该属性对决策方案的排序结果将不起作用,从而该属性的权重可以定为 0; 反之,如果各决策方案在某个属性上有较大的差异,则该属性对决策方案将起到较大的作用,从而应该给该属性赋予较大的权重。

方差是统计学中反映差异程度的一个重要指标。基于方差最大化的思想,权重向量 $w = (w_1, w_2, \cdots, w_m)^\tau$ 应当使得所有 m 个属性对所有 n 个决策方案的总方差达到最大。由此可以构建如下线性规划模型:

$$MaxZ = \sum_{j=1}^{m} \sum_{i=1}^{n} (r_{ij} - \overline{r_{ij}})^2 \omega_j$$
$$= \sum_{j=1}^{m} \sum_{i=1}^{n} (r_{ij} - \overline{r_{ij}})^2 (\alpha u_j + \beta v_j)$$
$$s.t. \; \alpha^2 + \beta^2 = 1, \alpha, \beta > 0$$

模型中,$\overline{r_{ij}}$ 表示属性 i 的 n 个属性值的算术平均值,即有 $\overline{r_{ij}} = \frac{1}{n} \sum_{i=1}^{n} r_{ij}, j = 1, 2, \cdots, m$

为了求解上述最优化问题,构造拉格朗日函数如下:

$$L(\alpha, \beta) = \sum_{j=1}^{m} \sum_{i=1}^{n} (r_{ij} - \overline{r_{ij}})^2 (\alpha u_j + \beta v_j) + \lambda (\alpha^2 + \beta^2 - 1)$$

其中,λ 为拉格朗日乘子。对 α, β 分别求偏导并令其等于 0,得:

$$\sum_{j=1}^{m} \sum_{i=1}^{n} (r_{ij} - \overline{r_{ij}})^2 u_j + 2\lambda \alpha = 0$$
$$\sum_{j=1}^{m} \sum_{i=1}^{n} (r_{ij} - \overline{r_{ij}})^2 v_j + 2\lambda \beta = 0$$

又有 $\alpha^2 + \beta^2 = 1$，从而可以计算得到 α，β 的值如下：

$$\alpha = 1/\sqrt{1 + \frac{\sum_{j=1}^{m}\sum_{i=1}^{n}(r_{ij} - \overline{r_{ij}})^2 u_j}{\sum_{j=1}^{m}\sum_{i=1}^{n}(r_{ij} - \overline{r_{ij}})^2 v_j}}$$

$$\beta = 1/\sqrt{1 + \frac{\sum_{j=1}^{m}\sum_{i=1}^{n}(r_{ij} - \overline{r_{ij}})^2 v_j}{\sum_{j=1}^{m}\sum_{i=1}^{n}(r_{ij} - \overline{r_{ij}})^2 u_j}}$$

在得到 α，β 取值的情况下，进而可以得到集成权重 $\omega = \alpha U + \beta V$，再对 $w = (w_1, w_2, \cdots, w_m)'$ 进行归一化处理，得到归一化后的结果 $w_0 = (w_{01}, w_{02}, \cdots, w_{0m})'$ 作为各个属性的最终权重。基于该权重结果可以得到各个方案的综合评价值结果：

$$Z_i = \sum_{i=1}^{m} \omega_{0i} r_{ij}$$

由于采用了客观赋权与主观赋权组合赋权方式，因此该方法得到的权重既考虑了决策者的偏好，又在一定程度上保证了决策的客观性，而且基于方差最大化思想的组合赋权方式可以使得到的各个方案评价值比较离散，有利于决策者更明确地做出相关决策。

3. 金融创新产品质量指标权重确定

对金融创新产品质量的评价，这里采用属性决策评价方法。一般过程包括选择评价指标、确定指标权重、确定评价结果并进行决策。以下仅就指标权重如何确定进行讨论。

（1）评价指标体系及赋值。

前文表 7.2 已经阐述了金融创新产品质量从个适性质量、内适性质量、外适性质量三个方面共计 33 个指标的评价体系。

基于这些指标，请从事金融研究或金融工作的五位专家进行打分评价，对每个指标的打分依据是其在金融创新产品质量中的重要性，其中 1 表示非常不重要，3 表示一般，5 表示非常重要，对 8 位专家的打分结果进行算数平均，得到每个指标的平均得分，见表 7.4。

表 7.4　　各指标的初始评分值

指标	PQ$_1$	PQ$_2$	PQ$_3$	PQ$_4$	PQ$_5$	PQ$_6$	PQ$_7$	PQ$_8$	PQ$_9$	PQ$_{10}$	PQ$_{11}$
	4.63	5.00	4.88	3.50	3.50	3.38	4.13	3.50	3.25	3.88	3.63
指标	PQ$_{12}$	PQ$_{13}$	PQ$_{14}$	PQ$_{15}$	PQ$_{16}$	PQ$_{17}$	PQ$_{18}$	PQ$_{19}$	PQ$_{20}$	PQ$_{21}$	PQ$_{22}$
	3.75	4.63	4.13	4.00	4.00	3.88	4.13	4.25	3.75	3.63	3.75
指标	PQ$_{23}$	PQ$_{24}$	PQ$_{25}$	PQ$_{26}$	PQ$_{27}$	PQ$_{28}$	PQ$_{29}$	PQ$_{30}$	PQ$_{31}$	PQ$_{32}$	PQ$_{33}$
	3.88	3.25	3.50	3.38	4.50	4.50	4.50	4.50	4.25	4.75	3.88

（2）指标客观权重的确定。

运用粗糙集理论确定各指标的客观权重。首先对各指标的初始评分值进行离散化处理。处理规则是：

[4.5, 5.0] 为非常重要，记为 5；

[4.0, 4.5) 为比较重要，记为 4；

[3.5, 4.0) 为一般重要，记为 3；

[3.0, 3.5) 为比较不重要，记为 2；

3.0 以下的为非常不重要，记为 1。

从而可以得到离散化后的属性集合如表 7.5 所示。

表 7.5　　离散化后的各指标初始评分值

指标	PQ$_1$	PQ$_2$	PQ$_3$	PQ$_4$	PQ$_5$	PQ$_6$	PQ$_7$	PQ$_8$	PQ$_9$	PQ$_{10}$	PQ$_{11}$
	5	5	5	3	3	2	4	3	2	3	3
指标	PQ$_{12}$	PQ$_{13}$	PQ$_{14}$	PQ$_{15}$	PQ$_{16}$	PQ$_{17}$	PQ$_{18}$	PQ$_{19}$	PQ$_{20}$	PQ$_{21}$	PQ$_{22}$
	3	5	4	4	4	3	4	4	3	3	3
指标	PQ$_{23}$	PQ$_{24}$	PQ$_{25}$	PQ$_{26}$	PQ$_{27}$	PQ$_{28}$	PQ$_{29}$	PQ$_{30}$	PQ$_{31}$	PQ$_{32}$	PQ$_{33}$
	3	2	3	2	5	5	5	5	4	5	3

根据粗糙集理论，信息系统定义为 $S = (U, C, V, f)$，$\forall a \in C$，设 $U/\{a\} = \{A_1, A_2, \cdots, A_m\}$，定义属性 a 的重要度为：

$$Sig(\{a\}) = \sum_{i=1}^{m} \frac{|A_i||U - A_i|}{|U|(|U| - 1)}$$

利用以上公式依次计算属性的重要度：

$$Sig(\{PQ_1\}) = \sum_{i=1}^{m} \frac{|A_i||U-A_i|}{|U|(|U|-1)} = 0.2679;$$

$$Sig(\{PQ_2\}) = \sum_{i=1}^{m} \frac{|A_i||U-A_i|}{|U|(|U|-1)} = 0.2769;$$

$$Sig(\{PQ_3\}) = \sum_{i=1}^{m} \frac{|A_i||U-A_i|}{|U|(|U|-1)} = 0.2679;$$

$$Sig(\{PQ_4\}) = \sum_{i=1}^{m} \frac{|A_i||U-A_i|}{|U|(|U|-1)} = 0.2679;$$

$$Sig(\{PQ_5\}) = \sum_{i=1}^{m} \frac{|A_i||U-A_i|}{|U|(|U|-1)} = 0.2679;$$

$$Sig(\{PQ_6\}) = \sum_{i=1}^{m} \frac{|A_i||U-A_i|}{|U|(|U|-1)} = 0.2143;$$

$$Sig(\{PQ_7\}) = \sum_{i=1}^{m} \frac{|A_i||U-A_i|}{|U|(|U|-1)} = 0.2857;$$

$$Sig(\{PQ_8\}) = \sum_{i=1}^{m} \frac{|A_i||U-A_i|}{|U|(|U|-1)} = 0.2679;$$

$$Sig(\{PQ_9\}) = \sum_{i=1}^{m} \frac{|A_i||U-A_i|}{|U|(|U|-1)} = 0.2143;$$

$$Sig(\{PQ_{10}\}) = \sum_{i=1}^{m} \frac{|A_i||U-A_i|}{|U|(|U|-1)} = 0.2679;$$

$$Sig(\{PQ_{11}\}) = \sum_{i=1}^{m} \frac{|A_i||U-A_i|}{|U|(|U|-1)} = 0.2679;$$

$$Sig(\{PQ_{12}\}) = \sum_{i=1}^{m} \frac{|A_i||U-A_i|}{|U|(|U|-1)} = 0.2679;$$

$$Sig(\{PQ_{13}\}) = \sum_{i=1}^{m} \frac{|A_i||U-A_i|}{|U|(|U|-1)} = 0.2679;$$

$$Sig(\{PQ_{14}\}) = \sum_{i=1}^{m} \frac{|A_i||U-A_i|}{|U|(|U|-1)} = 0.2857;$$

$$Sig(\{PQ_{15}\}) = \sum_{i=1}^{m} \frac{|A_i||U-A_i|}{|U|(|U|-1)} = 0.2857;$$

$$Sig(\{PQ_{16}\}) = \sum_{i=1}^{m} \frac{|A_i||U-A_i|}{|U|(|U|-1)} = 0.2857;$$

$$Sig(\{PQ_{17}\}) = \sum_{i=1}^{m} \frac{|A_i||U-A_i|}{|U|(|U|-1)} = 0.2679;$$

$$Sig(\{PQ_{18}\}) = \sum_{i=1}^{m} \frac{|A_i||U-A_i|}{|U|(|U|-1)} = 0.2857;$$

$$Sig(\{PQ_{19}\}) = \sum_{i=1}^{m} \frac{|A_i||U-A_i|}{|U|(|U|-1)} = 0.2857;$$

$$Sig(\{PQ_{20}\}) = \sum_{i=1}^{m} \frac{|A_i||U-A_i|}{|U|(|U|-1)} = 0.2679;$$

$$Sig(\{PQ_{21}\}) = \sum_{i=1}^{m} \frac{|A_i||U-A_i|}{|U|(|U|-1)} = 0.2679;$$

$$Sig(\{PQ_{22}\}) = \sum_{i=1}^{m} \frac{|A_i||U-A_i|}{|U|(|U|-1)} = 0.2679;$$

$$Sig(\{PQ_{23}\}) = \sum_{i=1}^{m} \frac{|A_i||U-A_i|}{|U|(|U|-1)} = 0.2679;$$

$$Sig(\{PQ_{24}\}) = \sum_{i=1}^{m} \frac{|A_i||U-A_i|}{|U|(|U|-1)} = 0.2143;$$

$$Sig(\{PQ_{25}\}) = \sum_{i=1}^{m} \frac{|A_i||U-A_i|}{|U|(|U|-1)} = 0.2679;$$

$$Sig(\{PQ_{26}\}) = \sum_{i=1}^{m} \frac{|A_i||U-A_i|}{|U|(|U|-1)} = 0.2143;$$

$$Sig(\{PQ_{27}\}) = \sum_{i=1}^{m} \frac{|A_i||U-A_i|}{|U|(|U|-1)} = 0.2679;$$

$$Sig(\{PQ_{28}\}) = \sum_{i=1}^{m} \frac{|A_i||U-A_i|}{|U|(|U|-1)} = 0.2679;$$

$$Sig(\{PQ_{29}\}) = \sum_{i=1}^{m} \frac{|A_i||U-A_i|}{|U|(|U|-1)} = 0.2679;$$

$$Sig(\{PQ_{30}\}) = \sum_{i=1}^{m} \frac{|A_i||U-A_i|}{|U|(|U|-1)} = 0.2679;$$

$$Sig(\{PQ_{31}\}) = \sum_{i=1}^{m} \frac{|A_i||U-A_i|}{|U|(|U|-1)} = 0.2857;$$

$$Sig(\{PQ_{32}\}) = \sum_{i=1}^{m} \frac{|A_i||U-A_i|}{|U|(|U|-1)} = 0.2679;$$

$$Sig(\{PQ_{33}\}) = \sum_{i=1}^{m} \frac{||A_i||U-A_i|}{|U|(|U|-1)} = 0.2679。$$

信息系统定义为 $S = (U, C, V, f)$，$\forall c_i \in C$，定义下面公式属性 c_i 在信息系统中的权重。

$$W(\{c_i\}) = \frac{Sig(\{c_i\})}{\sum_{j=1}^{|c|} Sig(\{c_j\})}$$

根据该公式计算各指标的权重结果如表 7.6 所示。

表 7.6　　　　　　　粗糙集理论确定的各决策指标权重

指标	PQ$_1$	PQ$_2$	PQ$_3$	PQ$_4$	PQ$_5$	PQ$_6$	PQ$_7$	PQ$_8$	PQ$_9$	PQ$_{10}$
	0.0306	0.0306	0.0306	0.0306	0.0306	0.0245	0.0327	0.0306	0.0245	0.0306
指标	PQ$_{11}$	PQ$_{12}$	PQ$_{13}$	PQ$_{14}$	PQ$_{15}$	PQ$_{16}$	PQ$_{17}$	PQ$_{18}$	PQ$_{19}$	PQ$_{20}$
	0.0306	0.0306	0.0306	0.0327	0.0327	0.0327	0.0306	0.0327	0.0327	0.0306
指标	PQ$_{21}$	PQ$_{22}$	PQ$_{23}$	PQ$_{24}$	PQ$_{25}$	PQ$_{26}$	PQ$_{27}$	PQ$_{28}$	PQ$_{29}$	PQ$_{30}$
	0.0306	0.0306	0.0306	0.0245	0.0306	0.0245	0.0306	0.0306	0.0306	0.0306
指标	PQ$_{31}$	PQ$_{32}$	PQ$_{33}$							
	0.0327	0.0306	0.0306							

（3）指标主观权重的确定。

运用层次分析法确定各指标的主观权重。根本问题是求判断矩阵的最大特征值和对应的特征向量，实际运算中可采用精确计算和近似计算，这里采用和积法近似计算。

①建立递阶层次结构模型。

根据研究需要将问题条理化、层次化，构造一个有层次的结构模型，层次数量与问题的复杂程度及需要分析的详尽程度有关。本书建立的结构模型如图 7.4 所示。

②构造出各层次中所有判断矩阵。

准则层中的各准则在目标衡量中所占的比重不一定相同，在决策者的心目中所占的比重不一样，引用数字 1~5 及其倒数作为标度来定义判断矩阵 $A = (a_{ij})_{n \times n}$，如表 7.7 所示。本书指标重的赋值，由金融领域的三名学者对建立的指标体系中各指标的权重集体讨论，就赋予指标权重取得一致意见后，由两名金融从业人员审议。具体初始矩阵见后文判断矩阵表。

表 7.7　　　　　　　　　　判断矩阵标度定义

标度	含　义
1	表示两个因素相比，具有相同重要性
2	表示两个因素相比，前者比后者稍重要
3	表示两个因素相比，前者比后者明显重要
4	表示两个因素相比，前者比后者强烈重要
5	表示两个因素相比，前者比后者极端重要
倒数	若因素 i 与因素 j 的重要性之比为 a_{ij}，那么因素 j 与因素 i 重要性之比为 $a_{ji} = 1/a_{ij}$

③层次单排序及一致性检验。

a. 将矩阵 A 的每一列向量归一化，即 $\hat{\omega}_{ij} = \dfrac{a_{ij}}{\sum\limits_{i=1}^{n} a_{ij}}$；

b. 对 $\hat{\omega}_{ij}$ 按行求和，得到 $\hat{\omega}_i = \sum\limits_{i=1}^{n} \hat{\omega}_{ij}$；

c. 将 $\hat{\omega}_i$ 归一化 $\omega_i = \hat{\omega}_i / \sum\limits_{i=1}^{n} \hat{\omega}_i, \omega = (\omega_1, \omega_2, \cdots, \omega_n)^T$；

d. 计算 $\lambda = \dfrac{1}{n} \sum\limits_{i=1}^{n} \dfrac{(A\omega)_i}{\omega_i}$，作为最大特征根的近似值；

e. 计算一致性指标 CI（consistency index）；

$$CI = \dfrac{\lambda_{\max} - 1}{n - 1};$$

其中，$\lambda_{\max}$ 为判断矩阵的最大特征根。

f. 查找一致性指标 RI。

表 7.8　　　　　　　　　　平均随机一致性指标

n	1	2	3	4	5	6	7	8	9	10	11	12	13
RI	0	0	0.52	0.89	1.12	1.24	1.36	1.41	1.46	1.49	1.52	1.54	1.56

g. 计算一致性比例 CR（consistency ratio）

$$CR = \dfrac{CI}{RI}$$

当 $CR < 0.01$ 时，认为判断矩阵的一致性是可以接受的，否则应对判断矩阵作适当修正。

④层次总排序及一致性检验。

最终要得到各元素，特别是最底层中各方案对目标的排序权重，从而进行方案选择，对层次总排序也需作一致性检验，计算各层要素对系统总目标合成权重，并对各被选方案排序。据此可以断定该判断矩阵具有满意的一致性，从而确定了各个层次的指标权重。同样的道理可以计算各个指标的权重，最终确定各指标之间的权重关系如表 7.9 所示。

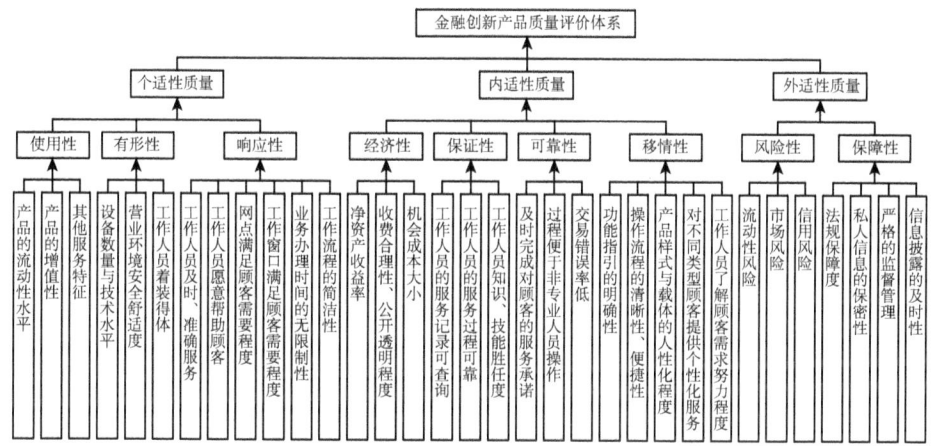

图 7.4　金融创新产品质量评价体系

表 7.9　　　　　　　　　　层次分析法确定的指标权重

属性	维度	指　　标	权　重
个适性质量 0.5455	使用性 0.6316	产品的流动性水平（可变现天数）0.2857	0.0984
		产品的增值性（年投资回报率）0.5714	0.1969
		其他服务特征（查询、支付、安全）0.1429	0.0492
	有形性 0.1579	设备数量与技术水平 0.5714	0.0492
		营业环境安全舒适度 0.2857	0.0246
		工作人员着装得体、干净整洁、态度礼貌 0.1429	0.0123
	响应性 0.2105	工作人员及时、准确服务 0.1250	0.0144
		工作人员总是愿意帮助顾客 0.0625	0.0072
		网点满足顾客需要程度 0.3750	0.0431
		工作窗口满足顾客需要程度 0.2500	0.0287
		业务办理时间的无限制性 0.0625	0.0072
		工作流程的简洁性 0.1250	0.0144

续表

属性	维度	指标	权重
内适性质量 0.2727	经济性 0.4800	净资产收益率 0.5000	0.0655
		收费合理性、公开透明程度 0.2500	0.0327
		机会成本大小 0.2500	0.0327
	保证性 0.2400	工作人员的服务记录可查询 0.2857	0.0187
		工作人员的服务过程可靠 0.1429	0.0094
		工作人员知识、技能胜任度 0.5714	0.0374
	可靠性 0.1600	及时完成对顾客的服务承诺 0.2857	0.0125
		过程便于非专业人员操作 0.5714	0.0249
		交易错误率低 0.1429	0.0062
	移情性 0.1200	功能指引的正确性、明确性 0.0952	0.0031
		操作流程的清晰性、便捷性 0.1905	0.0062
		产品样式与载体的人性化程度 0.2857	0.0094
		针对不同类型顾客提供个性化服务 0.3810	0.0125
		工作人员了解顾客需求努力程度 0.0476	0.0016
外适性质量 0.1818	风险性 0.6667	流动性风险 0.5455	0.0661
		市场风险 0.2727	0.0331
		信用风险 0.1818	0.0220
	保障性 0.3333	法规保障度（纠纷解决机制）0.1538	0.0093
		私人信息的保密性 0.3077	0.0186
		严格的监督管理 0.4615	0.0280
		信息披露的及时性 0.0769	0.0047

（4）主客观组合权重的确定。

基于方差最大化的属性组合赋权方法，假设前面按照粗糙集理论确定的客观权重向量为 $U = (u_1, u_2, \cdots, u_m)^r, u_j \geq 0, \sum_{j=1}^{m} u_j = 1$。又假设按照前面层次分析法确定的 $V = (v_1, v_2, \cdots, v_m)^r, v_j \geq 0, \sum_{j=1}^{m} v_j = 1$。把两种权重的线性组合表示为集成权重 $\omega = \alpha U + \beta V$，其中 $w = (w_1, w_2, \cdots, w_m)^r, \alpha, \beta$ 为组合权向量的线性表示系数。而根据方差最大化原理，α, β 的取值分别可以计算为：

$$\alpha = 1 \Big/ \sqrt{1 + \frac{\sum_{j=1}^{m}\sum_{i=1}^{n}(r_{ij}-\overline{r_{ij}})^2 u_j}{\sum_{j=1}^{m}\sum_{i=1}^{n}(r_{ij}-\overline{r_{ij}})^2 v_j}} = 0.7145$$

$$\beta = 1 \Big/ \sqrt{1 + \frac{\sum_{j=1}^{m}\sum_{i=1}^{n}(r_{ij}-\overline{r_{ij}})^2 v_j}{\sum_{j=1}^{m}\sum_{i=1}^{n}(r_{ij}-\overline{r_{ij}})^2 u_j}} = 0.6996$$

在得到 α，β 取值的情况下，进而可以得到集成权重 $\omega = \alpha U + \beta V$，再对 $w = (w_1, w_2, \cdots, w_m)^\tau$ 进行归一化处理，得到归一化后的结果 $w_0 = (w_{01}, w_{02}, \cdots, w_{0m})^\tau$，作为各个属性的最终权重。基于该权重结果可以得到各个方案的综合评价值结果如表 7.10 所示。

表 7.10　　　　　　　　　　指标体系的组合权重

属性	维度	指　　标	权重
个适性质量	使用性	产品的流动性水平（可变现天数）	0.0648
		产品的增值性（年投资回报率）	0.1146
		其他服务特征（查询、支付、安全）	0.0400
	有形性	设备数量与技术水平	0.0400
		营业环境安全舒适度	0.0276
		工作人员着装得体、干净整洁、态度礼貌	0.0183
	响应性	工作人员及时、准确服务	0.0235
		工作人员总是愿意帮助顾客	0.0188
		网点满足顾客需要程度	0.0339
		工作窗口满足顾客需要程度	0.0296
		业务办理时间的无限制性	0.0188
		工作流程的简洁性	0.0224
内适性质量	经济性	净资产收益率	0.0482
		收费合理性、公开透明程度	0.0327
		机会成本大小	0.0327
	保证性	工作人员的服务记录可查询	0.0256
		工作人员的服务过程可靠	0.0199
		工作人员知识、技能胜任度	0.0351

续表

属性	维度	指标	权重
内适性质量	可靠性	及时完成对顾客的服务承诺	0.0225
		过程便于非专业人员操作	0.0277
		交易错误率低	0.0183
	移情性	功能指引的正确性、明确性	0.0167
		操作流程的清晰性、便捷性	0.0183
		产品样式与载体的人性化程度	0.0169
		针对不同类型顾客提供个性化服务	0.0215
		工作人员了解顾客需求努力程度	0.0129
外适性质量	风险性	流动性风险	0.0485
		市场风险	0.0319
		信用风险	0.0263
	保障性	法规保障度（纠纷解决机制）	0.0198
		私人信息的保密性	0.0256
		严格的监督管理	0.0293
		信息披露的及时性	0.0175

7.4 指标体系的科学性检验

研究所用的问卷是从用户对于金融机构创新产品理财产品的实际感知和期望两个维度进行设计的，各问题的答案选项采用5级量表的形式，实际感知中"1"表示非常不满意，"5"表示非常满意；期望值调查中"1"表示期望值最低，"5"表示期望值最高。在进行问卷发放的具体过程中并没有设定具体的哪一家金融机构的产品，而是针对该行业目前的一个总体的情况。由于问卷的调查领域有一定的专业性，所以问卷的发放必须有所选择，被调查者需要对金融产品质量有所了解，发放问卷的形式是通过邮箱及社交软件将事先设计好的问卷以链接或文档的形式进行有选择的发放，针对不同的调查者一共发放了150份问卷，剔除其中填写问卷时间小于3分钟以及不符合要求（如没有使用过金融机构理财产品或服务）的问卷，最终得到有效问卷84份。以下将会从问卷的信度、问卷的适用性以及模型拟合度三个方面分别对问卷进行基础性分析。

1. 信度分析

信度分析即可靠性分析，是指采用同样的方法对同一对象重复测量时所得结果的一致性。目前最常用的信度系数为克隆巴赫 α 系数，在本调查中利用 SPSS22.0 软件计算的 α 系数达到 0.835，累计变异 72.125%，说明问卷的主体部分内部一致性较为严密，设计偏差可以接受。另外分别计算了三个一级指标的克隆巴赫 α 系数，分别为 0.817、0.848、0.855，累计变异分别为 57.328%、69.143%、75.339%。可以看出各一级指标内部也有较好的一致性。调查问卷人口统计特征见表 7.11 所示。

表 7.11　　　　　　　　　　人口统计特征

		次数	百分比			次数	百分比
性别	男	52	61.9	教育	高中及以下	7	8.3
	女	32	38.1		专科	20	23.8
年龄	25 岁以下	3	3.6		本科	49	58.3
	26—30 岁	4	4.8		研究生以上	8	9.5
	31—40 岁	26	31.0	岗位类型	研发	10	11.9
	41—50 岁	37	44.0		销售	10	11.9
	51 岁以上岁	14	16.7		管理	30	35.7
					其他	34	40.5

2. 模型拟合度分析

在分析过程中对金融创新产品质量的一级指标与所含指标之间的关系作了假设，如个适性质量、内适性质量、外适性质量这三个指标都已经被归为金融创新产品质量指标体系中，使用主成分分析法对所有指标重新提取几个主成分就有悖于初步设定的指标体系，需要对指标体系进行模型拟合度分析，以检测模型拟合实际数据的能力，观测变量的因子个数和因子载荷是否与基于预先建立的理论的预期一致。采用 AMOS22.0 来进行拟合度分析，且使用最大似然估计模型参数。

在拟合度分析之前对数据进行定义，使用符号 AA、BB、CC 分别表示个适性质量、内适性质量与外适性质量，使用 $a1$，$a3$，$\cdots$，$a23$，$b1$，$b3$，$\cdots$，$b27$，$c1$，$c3$，$\cdots$，$c13$ 分别表示其所包含的质量指标，具体见表 7.12。

表 7.12　　　　　假设模型的系数估计结果

			Estimate	S.E.	C.R.	P
a1	<----	AA	0.688	0.243	2.827	0.005
a3	<----	AA	0.427	0.207	2.059	0.039
a5	<----	AA	0.968	0.203	4.773	***
a7	<----	AA	0.777	0.175	4.430	***
a9	<----	AA	0.959	0.164	5.843	***
a11	<----	AA	0.798	0.154	5.191	***
a13	<----	AA	0.711	0.159	4.471	***
a15	<----	AA	0.960	0.164	5.836	***
a17	<----	AA	0.799	0.160	4.991	***
a19	<----	AA	0.831	0.177	4.687	***
a21	<----	AA	0.964	0.220	4.391	***
a23	<----	AA	1.000			
b1	<----	BB	0.828	0.197	4.198	***
b3	<----	BB	0.991	0.164	6.048	***
b5	<----	BB	1.069	0.179	5.985	***
b7	<----	BB	1.048	0.195	5.388	***
b9	<----	BB	1.026	0.159	6.456	***
b11	<----	BB	1.064	0.162	6.566	***
b13	<----	BB	1.191	0.170	7.009	***
b15	<----	BB	0.952	0.164	5.816	***
b17	<----	BB	1.075	0.160	6.737	***
b19	<----	BB	1.016	0.155	6.561	***
b21	<----	BB	1.066	0.161	6.603	***
b23	<----	BB	1.093	0.165	6.634	***
b25	<----	BB	0.918	0.161	5.707	***
b27	<----	BB	1.000			
c1	<----	CC	1.030	0.178	5.773	***
c3	<----	CC	0.977	0.153	6.372	***
c5	<----	CC	0.977	0.155	6.312	***
c7	<----	CC	1.023	0.149	6.848	***
c9	<----	CC	0.961	0.145	6.621	***
c11	<----	CC	1.036	0.144	7.176	***
c13	<----	CC	1.000			

潜变量（如个适性质量）与潜变量间的回归系数称为路径系数，潜变量与可测变量（如产品的流动性水平）间的回归系数称为载荷系数。通过表7.12 中数据的路径系数分析可以得出潜变量以及可测变量之间的显著性关系。如表 7.12 中的可测变量 $a1$（产品的流动性水平）对潜变量 AA（个适性质量）的路径系数 0.243，其 CR 值为 2.827，相应的 p 值小于 0.01，则可以认为这个路径系数在 99% 的置信度之下与 0 存在显著差异。同理，从上述表格中可以看出，选取的金融创新产品质量指标对质量的维度均具有显著性的影响（$p<0.01$）。

表 7.13　　　　　　　　　　相关标准化系数

			Estimate	S.E.	C.R.	P
AA	<-->	BB	0.137	0.034	4.009	***
BB	<-->	CC	0.165	0.038	4.339	***
AA	<-->	CC	0.145	0.037	3.956	***

从表 7.13 中的相关标准化系数中，可以看到标准化测量模型的路径系数显著（$p<0.01$），说明各因子之间呈现出极高的正相关关系。根据表 7.14 中对模型的验证性因子分析还得出模型的各拟合指标，CMIN/DF = 2.075 < 3，CFI = 0.897 > 0.8，GFI = 0.896 > 0.8，NFI = 0.851 > 0.8，除了 RMSEA = 0.114 > 0.08 外，模型拟合指标整体较好，表明建立的金融创新产品质量评价体系以及收集的数据具有较好的适配水平。

表 7.14　　　　　　　　　　模型的拟合度指标

CMIN	DF	CMIN/DF	GFI	AGFI	CFI	TLI	NFI	RMSEA
1020.678	492	2.075	0.896	0.839	0.897	0.8754	0.851	0.114

7.5　金融创新产品质量分析

在建立了金融创新产品质量的评价体系后，一方面为验证指标体系的科学性，另一方面为提出针对性的监管措施，需要利用建立的金融创新产品指标体系进行评价，以发现问题，提出相关的监管措施和提升建议，对于把握金融创新产品质量具有现实意义。

由于金融创新产品质量被界定为消费者感知到的金融创新产品质量水平与其期望之间的差异,因此为了衡量这种总体差异大小,发现金融创新产品质量中的问题,利用前面建立的质量评价体系以及调查问卷对产品质量进行总体评价和分维度评价。

定义函数 $Q(f,e,p;i,j) = \sum_{j=1}^{n} \sum_{i=1}^{m} \dfrac{f_{ij}}{e_{ij}} p_m$ 为金融创新产品质量水平,其中 f、e 分别为消费者感知到的产品质量水平与期望质量水平,p 为指标的权重,共有 m 个指标,样本容量为 n,则利用前文建立的金融创新产品质量评价体系及权重水平对金融创新产品质量进行分析。如图 7.5 所示,在总体质量水平方面,设总体质量水平为 1,实际平均质量水平为 0.875,平均质量水平为 0.027。从具体值看,金融质量水平较高的内容有:产品的流动性水平(可变现天数)、产品的增值性(年投资回报率)、产品其他服务特征(查询、支付、安全)、产品服务的设备数量与技术水平、产品的净资产收益率、产品的流动性风险等内容,说明消费更多的关注产品本身对自身的价值,如产品是否能够增值、产品的流动状况以及产品的安全性水平等。而金融质量水平较低的内容有:工作人员仪容仪表、工作人员是否真诚帮助顾客、产品的业务办理时间的限制性、产品的功能指引的明确性、产品的操作流程的便捷性、产品的产品样式与载体的人性化程度、产品服务工作人员了解顾客需求努力程度、产品的信息披露的及时性等,说明当市场水平发展不高的情况下,消费者对附加服务并没有太多的关注。

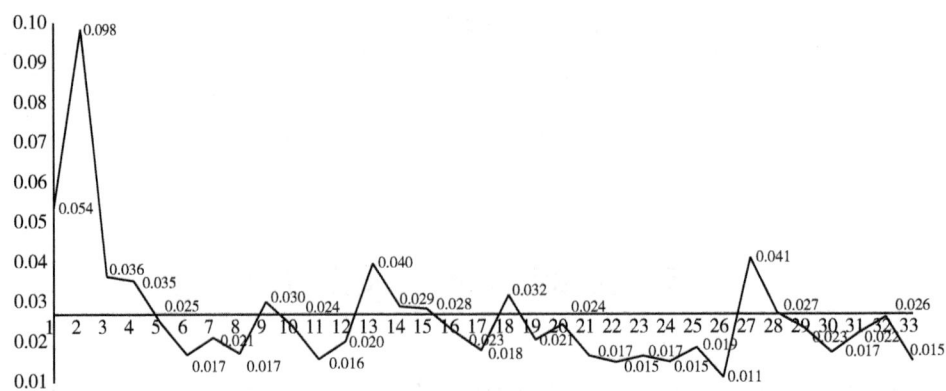

图 7.5　金融创新产品质量总体水平

第 7 章 基于 SERVQUAL 的金融创新产品质量评价

定义函数：$F_i = \frac{1}{n} f_i p_i [i \in (1, \cdots, 33)]$ 为金融创新产品质量感知水平，$E_i = \frac{1}{n} e_i p_i [i \in (1, \cdots, 33)]$ 为金融创新产品质量期望水平，其中 f, e 分别为消费者感知到的产品质量水平与期望质量水平，p 为指标的权重，共有 33 个质量因子，样本容量为 n，则利用前文建立的金融创新产品质量评价体系及权重水平对金融创新产品质量进行分析。如图 7.6 所示，在具体质量水平方面，感知产品质量水平与期望产品质量水平之间差距较大的有：产品的增值性（年投资回报率）、产品的流动性水平（可变现天数）、产品的净资产收益率、产品的流动性风险、产品服务的设备数量与技术水平、产品的市场风险、产品的机会成本大小等内容，说明金融创新产品在满足消费者主要金融服务需求方面还有较大差距。感知产品质量水平与期望产品质量水平之间差距较小的有：产品的工作人员的服务过程可靠、产品的操作流程的便捷性、产品的交易错误率低、产品的功能指引的明确性、产品的产品样式与载体的人性化程度、产品服务工作人员了解顾客需求努力程度、工作人员真诚帮助顾客、工作人员仪容仪表等，说明在金融创新产品质量发展过程中，辅助服务或者附属产品质量已发展较为完善。

从金融创新产品的三个维度看，个适性产品质量感知水平与期望水平差距较大的有：产品的增值性（年投资回报率）0.0641、产品的流动性水平（可变现天数）0.0432、产品服务的设备数量与技术水平 0.0191、工作窗口满足顾客需要程度 0.0159 等；内适性产品质量感知水平与期望水平差距较大的有：产品的净资产收益率 0.035、产品的机会成本大小 0.0175、产品收费合理性公开透明程度 0.0160、产品的工作人员知识、技能胜任度 0.0142 等；外适性产品质量感知水平与期望水平差距较大的有：产品的流动性风险 0.0306、产品的市场风险 0.0189、产品的私人信息的保密性 0.0146 等。由此可见，在金融产品创新的过程中，消费者、金融机构和政府监管部门都有比较重要质量诉求。

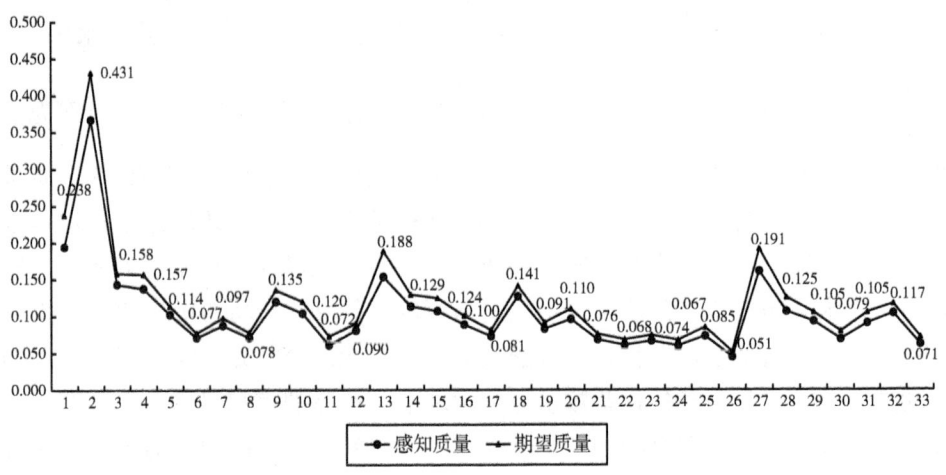

图 7.6 金融创新产品感知质量与期望质量水平

第 8 章 金融创新产品质量提升策略

金融创新产品被定义为消费者感知到的产品质量状况与其期望质量状况之间的差异。金融创新产品质量本质上是一种服务质量，在这项服务过程中，消费者个人、金融机构及其员工、政府监管机构人员都参与其中。通过对金融创新产品质量建立评价指标体系并利用主客观赋值赋予权重水平，建立了金融创新产品质量的评价指标体系，并通过实证检验了指标体系的科学性，最终发现了金融创新产品质量需要改进的具体内容。对于消费者个人来说，消费者是否清晰地知道自己使用产品可以获得的好处与价值；对于金融机构银行来说，是否收益水平高，占用成本状况如何；对于政府监管部门来说，金融市场运营状况是否触及监管底线。因此，以下从政府、金融机构两个层面探讨提升金融创新产品质量的相关建议。

8.1 政府层面

1. 加强金融政策立法，对金融产品创新引导

改革开放至今，经过 30 多年的不断发展完善，我国已经形成了较完备的金融业法规体系。但随着我国经济进入新常态，金融发展面临更为复杂的环境和更多挑战。由于相关法律法规等制度的不完善，我国的监管体系仍然需要得到解决。因此，只有建立一整套监管办法，才能够使金融产品的创新给市场带来最小的影响，以避免风险。央行把全面加强金融法治体系建设作为未来工作重点之一，这其中包括健全金融法治体系建设、外汇管理制度改革等方面的工作，还包括互联网金融等热点领域的配套监管细则。在当前阶段，金融行业基本功能都面临着修改完善的需求。

推动一批与金融改革密切相关、立法需求迫切的重大金融立法，深入推进依法行政和简政放权，促进相关金融法律制度有效实施。金融立法三大趋势中的"立"，即制定新的法律法规，弥补基本金融制度的不足。与《存款保险条例》紧密相关的《商业银行破产法》也已出台。同时，以规范小贷公司为主的《非存款类放贷组织条例》，央行也在推进中。

"改"，则是指修改现行的金融法律法规。首先，《证券法》的修订。此外，推动修订《中国人民银行法》，改变当前银行监管面临的诸多问题。银监会也已经启动起草《商业银行监督管理法》的工作；再次，央行推动修订《现金管理暂行条例》，重点是加强现金存取管理，鼓励和引导社会公众更多使用非现金支付工具，减少现金流通；最后，按照"加快实现人民币资本项目可兑换"的国家部署和国务院简政放权要求，央行会同外管局正加紧推进外汇管理制度改革。

"提升"，即提升现有规定的立法根基，包括一些行政法规上升为法律、业务规章上升为行政法规：银监会正着手将《信托公司管理办法》上升为《信托公司管理条例》。证监会建议将《证券投资者保护基金管理办法》上升为《证券投资者保护基金条例》，同时还向国务院报送了《私募基金管理条例》；《期货交易管理条例》上升为《期货法》的相关工作已经启动。《融资担保管理规章》也有望上升为《融资担保管理条例》；实行多年的《典当管理办法》将上升为《典当管理条例》。"主要内容是要大大放宽对典当金融活动过多的不合理限制"，知情人士表示。另外，"现在金融产品、交易模式不断创新，既能快速跟进、又能保证法律的相对稳定，也是当前立法工作的重要内容。"前述相关部门知情人士强调，"大家总体思路是要实现与传统金融的差异化监管，守住底线，以信息披露为核心——不在于给它制定怎样的制度，而在于怎样适应它的特点，让监管制度生根落地、达到效果。"

金融立法还存在较多问题，在立法领域还面临着一些突出的问题，有的法制法规解决实际问题的有效性不足，针对性、可操作性不强，特别是立法工作当中部门化倾向、争权现象比较突出，有的立法经历长期利益博弈。以《信托法》为例，其核心会涉及信托财产的所有权归属以及相关税收等敏感问题，因而和相关部委的协调就面临极大挑战。金融管理部门的当务之急是完善政策环境、变革监管理念。完善信息披露和信用评级制度，制订信息披露标准，强化信息披露监督，发展信用评级市场，从而改善产品创新的信息信用环境；推进监管改革，提高金融机构自主经营创新权，鼓励综合经营，积极进行金融创新。

2. 强化诚信体系建设，营造良好的创新环境

国务院于2014年6月14日印发的《社会信用体系建设规划纲要（2014—

2020年)》中明确指出：社会诚信是社会信用体系建设的基础，社会成员之间只有以诚相待、以信为本，才会形成和谐友爱的人际关系，才能促进社会文明进步，实现社会和谐稳定和长治久安。我国社会信用体系建设虽然取得一定进展，但与经济发展水平和社会发展阶段不匹配、不协调、不适应的矛盾仍然突出。目前，覆盖全社会的诚信系统尚未形成，社会成员信用记录严重缺失，守信激励和失信惩戒机制尚不健全，守信激励不足，失信成本偏低，信用服务市场不发达。《中共中央国务院关于加强和创新社会管理的意见》以及《中华人民共和国国民经济和社会发展第十二个五年规划纲要》中都要求"建立健全社会诚信制度""加快社会信用体系建设"。争取到2020年，基本建成以信用信息资源共享为基础的覆盖全社会的诚信系统，守信激励和失信惩戒机制发挥作用。诚信互通网就是在这样的背景下诞生的第三方诚信平台，也是政府鼓励和调动社会力量、广泛参与的产物。

创新金融信用产品，改善金融服务，维护金融消费者个人信息安全，保护金融消费者合法权益。加大对金融欺诈、恶意逃废银行债务、内幕交易、制售假保单、骗保骗赔、披露虚假信息、非法集资、逃套骗汇等金融失信行为的惩戒力度，规范金融市场秩序。加强金融信用信息基础设施建设，进一步扩大信用记录的覆盖面，强化金融业对守信者的激励作用和对失信者的约束作用。

大力推进网络诚信建设，培育依法办网、诚信用网理念，逐步落实网络实名制，完善网络信用建设的法律保障，大力推进网络信用监管机制建设。建立网络信用评价体系，对互联网企业的服务经营行为、上网人员的网上行为进行信用评估、记录信用等级。建立涵盖互联网企业、上网个人的网络信用档案，积极推进建立网络信用信息与社会其他领域相关信用信息的交换共享机制，大力推动网络信用信息在社会各领域推广应用。建立网络信用黑名单制度，将实施网络欺诈、造谣传谣、侵害他人合法权益等严重网络失信行为的企业、个人列入黑名单，对列入黑名单的主体采取网上行为限制、行业禁入等措施，通报相关部门并进行公开曝光。

健全社会成员信用记录是社会信用体系建设的基本要求。发挥行业、地方、市场的力量和作用，加快推进信用信息系统建设，完善信用信息的记录、整合和应用，是形成守信激励和失信惩戒机制的基础和前提。征信机构开展征信业务，应建立以企事业单位及其他社会组织、个人为对象的征信系统，依法采集、整理、保存、加工企事业单位及其他社会组织、个人的信用信息，并采取合理措施保障信用信息的准确性。各地区、各行业要支持征信机构建立征信系统。对外提供专业化征信服务。征信机构要根据市场需求，对外提供专业化的征信服务，有序推进信用服务产品创新。建立健全并严格执行内部风险防范、避免利益冲突和保障信息安全的规章制度，依法向客户提供方便、快捷、高效的征信服务，进一步扩大信用报告在银行业、证券业、保险业及政府部门行政执法等多种领域中的应用。

继续推进金融信用信息基础数据库建设，提升数据质量，完善系统功能，加强系统安全运行管理，进一步扩大信用报告的覆盖范围，提升系统对外服务水平。推动金融业统一征信平台建设。继续推动银行、证券、保险、外汇等金融管理部门之间信用信息系统的链接，推动金融业统一征信平台建设，推进金融监管部门信用信息的交换与共享。

3. 加强金融市场监管，促进创新的有序发展

长期以来，金融监管既能刺激金融产品的创新，也有压制产品创新的作用。我国的金融监管有两点突出问题。近年来，在金融监管部门的积极努力下，我国金融监管的能力和水平得到大幅提升和发展，完善了监管法规体系，形成了涵盖各类机构、业务及公司治理、风险管理等方面的审慎监管法规体系。在监管架构方面日趋合理，在提高专业化监管水平、加强依法监管、加强金融服务、促进金融业快速平稳发展方面发挥了积极作用，取得了显著成绩，积累了宝贵经验。总体来说，我国"一行三会"的金融监管体系对于增强银行、证券、保险三大市场的竞争能力，有效防范和化解金融风险发挥了重要作用。然而，在过去一段时间，随着我国金融业的快速发展，我国金融体系出现了深刻变化，利率市场化改革持续推进，新兴金融业态爆发式增长，金融市场呈现出市场化、国际化、互联网化的变化趋势，对原有的分业经营和分业监管架构形成了明显的冲击，给我国现行的监管体制带来了挑战。近来，不断显露的局部金融风险包括近期发生在资本市场的剧烈波动，都反映出我国现行监管框架存在着不适应金融业发展的体制性矛盾。面对已经发生巨大变化的经济和金融环境，金融监管体系和制度必然要顺应新形势和新要求，作出科学、合理的调整和改变。一方面要鼓励创新，把握发展机遇；另一方面要更加重视金融稳定和金融安全，把握好稳增长与防风险之间的平衡。

（1）进一步改革并完善金融监管体系和框架，要坚持市场化改革方向，积极研究和主动适应现代金融市场的发展和变化，适应混业经营的发展趋势，建立更加有效的监管协调机制，进一步优化、调整和改革分业监管架构，继续加强金

融宏观审慎管理制度建设，加强统筹协调，加强跨行业、跨领域、跨市场风险防范和处置协作，形成高标准、互为补充的监管合力，有效维护金融稳定，保障金融安全。

（2）进一步改革并完善金融监管体系和框架，要注意借鉴国际经验，深入研究分析世界主要经济体应对国际金融危机的做法，把握全球金融监管改革主流趋势，结合我国国情和发展阶段，统筹对系统重要性金融机构和金融控股公司的监管，以及对其进行审慎管理的责任；统筹对支付系统、清算机构和金融资产登记托管机构等重要金融基础设施的监管，切实维护金融基础设施稳健高效运行；统筹对金融业综合统计的责任，实行对金融业数据的全覆盖收集，为加强和改善金融宏观调控，维护金融稳定提供基本的依据和必备的条件。

（3）进一步改革并完善金融监管体系和框架，要继续坚持服务实体经济、提高服务水平的理念。不可否认，中国经济的平稳健康发展，与我国金融部门不断改进服务方式、提升服务质量密不可分，与我国金融系统对实体经济的鼎力支持密不可分；而金融体系的健康发展，又与金融管理和监管部门的坚持服务实体经济的核心理念密不可分。在新的时期，金融监管部门在积极引导和协调推进金融业服务和支持实体经济方面，依然负有重要职责和使命，依然发挥着不可替代的重要作用。

随着金融改革不断深化和金融开放不断扩大，新兴金融业态和金融创新将如雨后春笋般不断涌现，潜在风险和压力将随之加大，金融监管和宏观调控面临的局面亦将更加复杂，责任更加重大。因此，迫切需要改革并完善现有的金融监管体系和框架，尽快打造一个更加灵活有效、更加适应现代金融市场规则、更加有利于金融业健康发展的金融监管体系和框架。

8.2 企业层面

1. 基于用户需求理念，加强金融创新产品规划

树立以客户为中心的经营理念。要为客户提供"量身定做"的个性化金融产品和金融服务，将客户关系管理放在重要位置，依靠大数据技术，根据不同客户的交易偏好等因素，为客户制订个性化的服务产品，不断满足不同客户主体的需要，加深互联网创新产品的根植性。从而获取金融服务附加值，从而真正实现"客户导向"的产品创新理念。本着客户至上的理念，各金融机构要把服务客户作为第一理念,针对客户需求开发产品。向客户方推荐该类产品,传输产品理念,只要客户认可后,由总行专业团队进行后端服务,在产品推介之前需对风险度有全面的了解及缓释。

首先,银行可在内部成立金融产品创新部门,制定产品创新的战略规划,该规划应结合银行自身的特点及市场定位来确定具体的实施步骤,充分利用银行业内部的各种资源优势,调动一切力量,提高创新效率,提高银行在金融业中的核心竞争力。其次,进行科学的市场细分,坚持个性化、差异化的原则,将具有相似需求量的客户划分为同一类别,特此研发相应产品,即根据客户的业务量、资金量、信誉度等各方面的情况对客户进行分层管理,通过科学的市场细分,使银行产品的开发更具有针对性,更好的实现银行效益。最后,要不断巩固完善、提高产品质量。对现有的服务项目,应继续进行完善、巩固和提高。

加强品牌战略推动金融产品的创新速度。我国金融市场向外开放,全球信息化的快速发展,给我国金融市场带来了很大的挑战,行业间的竞争也越来越激烈。金融机构要树立金融产品的品牌意识,提高在金融业的核心地位。产品的品牌具备潜在的价值,品牌效应可以提高知名度,带来无形资产,从而提高银行的效益。在建立金融产品的品牌时,要避免产品创新低层次等问题的出现,要创新适合我国金融市场发展的产品,降低风险,提高效益,不断促进金融产品的快速发展。

加强地域战略,提高金融产品的整合力度。社会经济快速发展,人们对金融理财的意识不断加强,金融机构只有不断推出新的金融产品才能满足人们的需求。由于每个人的工作、家庭环境等不同,对金融产品的需求也出现了个性化差异。我国金融机构要及时了解客户的特点,树立地域战略的意识,了解不同地域的个性差异,制定出符合人们需求,便于人们使用的个性化金融产品,研究开发出具有地域特色的金融产品,切实满足客户的需求。

进一步细分客户市场,认真研究不同层次顾客的需求,不断推出有针对性的金融产品,为顾客提供个性化服务,防止产品出现重复与同质化现象,进一步占领市场,帮助金融机构提高核心竞争力。与保险、证券、期货等行业结合在一起,加大产品创新力度,争取创造出种类丰富的金融产品,增加各种业务种类,实现特色化经营。重视发展电子银行,发挥科技手段的作用,增加产品的服务功能,着力打造金融服务的品牌化。

研发部门要深入基层网点捕捉市场需求,有针对性地开发新产品,不能闭门造车。市场行为的参与者都要不断学习,为完善的成熟的市场条件的形成打造更扎实的基础。建立以需求为出发点的产品研发和推广流程。要充分发挥客户经理作为市场前端在创新中的源头作用，使客户经理成为新产品需求信息的收集者，同时充分发挥产品经理在创新中的支柱作用，使客户经理成为产品研发的主力军。建立一个产品研发快速通道，使客户需求不用层层审批，直接抵达产品需求整合部门。产品需求整合的职责明确给一个部门，由这个部门承担起产品需求整合的职责，要实行产品服务创意、功能设计、流程设计、销售、推广、维护及售后的全过程管理。

金融是现代经济的核心，金融创新必然服务于经济发展，尤其是当前我国金融业的发展更加突出服务实体经济的作用。反之，创新是一把"双刃剑"，脱离实体经济的过度金融创新将产生更为严重的负面影响。金融机构要紧密围绕当地社会经济发展，持审慎态度，吸取国际金融创新案例的经验和教训，少走弯路。具体包括加大对战略性新兴产业、自主创新型、产业转型、中小企业等的金融服务支持，探索金融服务新模式。

2. 加大研发投入力度，提高金融创新技术水平

金融产品的创新是银行发展的重要动力，因此加大产品创新力度是金融机构首先要面临的任务，银行只有全面加大投入，才能保证产品兼具创意和质量。银行要改变以往的产品设计思维，要意识到创新不仅仅是推出新品那样简单，而是要结合本行实际和市场去独立设计具有企业特色的产品。企业要加大对产品创新的资金和人力投入，集中精力进行专业的产品设计和研究，提高新产品的质量。要提高对产品附加值的创新，增加产品附加值，让同一产品在不同情况下可以创造最大利润，借以吸引更多的客户。

现代网络科技的发展为金融业的创新提供了新的机遇与平台。以电子商务为代表的新型技术深刻影响了金融业的发展进程，对于金融行为的改变、金融产品创新的意义影响深远。因此，应紧跟科技创新的步伐，依托于电子化平台，提高银行产品的专业性和技术性；借助于电子商务的发展，开拓跨区域、跨行业的金融理财产品；依托于电子、网络通信的手段，完善现有的电话银行、手机银行、网上银行等各项服务，建立信息数据库，对数据进行集中、有效和全面的管理，进行数据挖掘，寻找新的发展空间。

银行自己要逐步培养技术人员，以减少新设备、新产品投入的成本，做好产品研发工作，更重要的是维护工作。做好技术上软硬件的投入，防止类似乌龙指等现象出现。加强科技应用上的创新。现代金融服务离不开电子化和信息化，金融业务创新也离不开金融科技的创新。应提高高科技金融产品的开发和创新，提高金融服务的科技含量，大幅度地提高其科技化水平和国际化水平，推动银行业的升级换代和高效运行，缩短与外资银行的技术差异。

当前，中国理财市场还处于刚刚起步阶段，各个金融机构为了大力开发理财市场，着力开发自己的创新型管理团队，争取在市场中站稳脚跟。坚持科技创新。当前科技发展迅速一日千里，所以银行业的金融产品创新一定要与电子信息技术结合在一起，利用科技发展实现业务创新，使金融产品的种类和形式不断改革，在最短时间内不断推出更贴近公众需求的产品和服务，打造完善的服务系统结构。着力建设管理信息系统，利用全面的数据分析为产品创新提供更加便利的条件，建立数量庞大的客户信息数据库。当前已经进入大数据时代，发挥手中数据资源的作用，敢于创新，及时捕捉市场中存在的商机，进一步抢占市场，有利于对客户提高服务质量。

3. 强化人才队伍建设，培养引进金融专业人才

人是创造产品的主体，人才素质的高低能够直接影响到产品的质量，高素质、经验丰富和专业性强的人才是优秀产品创造的有力保障。因此说培养和引进专业人才是十分重要的。开展金融创新，需要专家型人才从事创新产品的研发管理、交易管理和风险管理；需要一大批具有高素质和复合型知识结构，了解金融风险、洞悉金融创新业务的复合型金融人才。

实现人才政策对金融领域的无缝对接与重点支持。引进高层次人才，建立相应的评审工作机制并安排资金用于海外高层次金融人才、创新型领军和拔尖金融人才以及高端金融创业创新团队的引进工作。加大对柔性引进高层次人才的支持。鼓励和支持金融机构以兼职、顾问、合作等方式柔性引进海外高层次金融人才、创新型领军和拔尖金融人才。对柔性引进的海外高层次金融人才、创新型领军和拔尖金融人才承担的对金融业发展有重要作用的研究项目，给予资金资助。

加强对现有金融从业人员的培训和教育，增强其现代金融意识和业务素质。还要创新用人机制，吸引、开发和留住人才，配备一些知识化、年轻化、多技能、懂业务、善管理的复合型人才。更要注重建立人才流动的竞争机制，建立选拔、流动、淘汰机制和业绩考核评判标准，推进员工报酬激励制度，充分发挥人才的使用效能。通过对用人机制的创新，提高员工的积极性，使员工有能力、有动力为金融产品创新服务。

加快金融人才的培养与建设力度，培育一支具有战略眼光的优秀金融人才队伍，为我国金融创新的开展提供根本的智力保障。各金融机构要进一步改进与完善人力管理工作，创新人力资源服务模式，为人才潜能的发挥及成长发展创造更为有利的平台。在建设金融强国的进程中，要进一步提升金融教育的基础性作用，更加重视金融学科建设，切实办好高等金融教育。

建立一套科学的人力资源管理机制，通过内部培养，对员工进行新业务、新产品的培训，充分挖掘员工最大潜能和创新意识，通过外部引进，聘用专业知识全面，通晓金融工程、风险管理理财知识、业务能力强的复合型人才，并健全银行内部的激励约束机制，要打造一支高素质的产品开发队伍，重点推行产品经理制与客户经理制，银行产品的推出是为了迎合客户的需求，实行客户经理制，客户经理为特定客户服务，了解客户的需求，反馈到产品经理，产品经理负责设计开发，细分市场，制定推广计划，再配合客户经理进行产品营销，跟进后续服务。

实施金融人才培养工程。（1）高层次人才提升工程。组织高层次金融人才赴国内外金融中心考察学习，培养一批了解国内外金融创新动态和发展趋势，熟悉国际金融法律法规，具有改革创新意识的高层次金融人才。（2）领军人才培养工程。组织金融机构高级管理人才进修学习。重点向法人金融机构、股权投资基金、融资租赁、小贷公司等新型金融机构，及航运金融、物流金融、科技金融等专营机构倾斜。（3）紧缺人才培养工程。开办紧缺人才培训班。与普通高校、技工院校、职业院校和具有独立法人资格、具备承办培训项目资质的职业培训机构、研究机构合作开展航运金融、物流金融、离岸金融、私人银行等紧缺专业人才培养工作。（4）人才个人提升工程。鼓励金融机构各类从业人员参加注册金融分析师、风险管理师、注册会计师等国际公认的金融专业资格认证的培训和考试。

构筑金融人才培养平台。（1）打造金融人才培养基地。借助国内外高校、研究及培训机构的资源，联合金融监管部门和金融机构，共同打造培养各类应用型人才的"金融专门人才培养基地"；重点支持高等院校、职业学校开展紧缺金融专业人才的培养工作，打造航运金融、物流金融、贸易金融等重点领域的高技能、应用型人才培养基地；加强与高等院校的合作，进行金融后台和服务外包专门人才的培养和储备。（2）搭建金融专业学生实习、就业平台。金融机构要主动吸纳金融专业的毕业生、实习生进本单位实习和工作，建立金融实习实训基地和就业基地，集聚金融后备人才。对与国家重点院校结成紧密合作关系，并被国家重点院校确定为实习基地的金融机构，由市金融人才工作协调小组每年组织进行综合评价，并将评价结果纳入政府对金融机构的综合考评。

搭建金融人才集聚服务平台。（1）建立高层次金融人才储备平台。金融企业可在高层次人才储备计划网发布岗位招聘信息，收集、检索储备人才信息，定向与储备人才接洽。通过该平台引进储备人才并签订劳动合同，在平台录入工作补贴申请基本信息，提交相关申请资料，经审核后对用人单位进行一次性补贴。（2）建立金融人才引进交流平台。组织有需求的金融企业赴上海、深圳、香港等国内金融发达城市及国外金融中心城市开展各类金融人才招聘活动，建立金融企业与金融人才的直接交流平台，提高人才引进效率。

优化金融人才集聚社会服务机制。（1）改善金融人才居住条件。将金融人才纳入人才公寓的使用范围。按照"购租并举、分类解决"的原则，划拨一定数量的人才公寓房，由金融机构购买产权，以出租的方式提供给各类金融机构引进的高级管理人才居住。（2）妥善解决金融人才家属就业。金融机构引进获得中国银监会、中国证监会和中国保监会等国家金融监管部门资格认定的，经评审列入海外高层次人才引进计划、创新型领军和拔尖人才引进计划的高层次金融人才，及金融机构总部、地区总部和后台后援助服务中心享受副职及以上待遇的高级管理人才，并与单位签订长期服务期协议的，其配偶就业、子女入学在同等条件下给予优先考虑。（3）其他服务。上述高级金融人才在办理家属随迁手续、医疗保健、出入境管理等方面，由相关部门提供便利。

4. 加大研发考核力度，完善金融创新产品体系

要全面正确看待金融创新工作，从广义上来看，金融创新不仅仅是业务、产品服务的创新，更是制度、规则、政策、环境、组织等的创新，是一项涉及方方面面的系统性工程。当前，我国金融创新效益低下的深层次原因往往在于制度、政策等方面的限制。因此，要求政府从金融长远发展出发，对金融创新提出明确的科学的指导思想和原则约束，对金融改革与创新进行统筹规划，继续加大金融政策创新力度，为我国金融创新的有效开展创造一个更为透明、公开、公正的市场环境和政策环境；加强对金融业的政策扶持和服务，尤其是保护投资者的制度性基础必须建好、夯牢，为进一步提高金融机构创新积极性和热情，相关职能部门要切实转变职能，发挥市场在资源配置中的基础性作用，进而形成以市场化为基础的金融运作制度，创新服务为金融机构提供更为优质的服务。

金融创新与风险永远是一对双胞胎，金融创新必然有金融风险的跟随。既要充分密切关注国际金融市场的发展动向和趋势，集中研究分析国内金融业发展特殊性，建立健全金融风险监测、预警机制，及时发现问题，将风险降至最低程度；又要积极配合司法相关部门，加大金融市场秩序的整顿力度；对于违法违规金融行为要依法给予严肃处理，维护金融市场正常有序运行。

不断完善金融产品的创新体系，重视资产类金融产品的创新，使资产类与负债类相平衡，有效改善银行的资产与负债的结构，加强银行的收益。此外还要重视金融产品的创新，增加金融产品的规模，发挥出金融产品的市场效应。

激励企业实施质量管理控制工具，提高企业产品质量管理水平。政府应大力鼓励企业加大质量管理资金投入、开展质量管理技术交流、推广质量管理工具、共享质量管理成果的改善措施，促进区域产品质量监管水平的提高，发挥企业在产品质量提升中的主体作用。

5. 创新监督管理机制，提高金融创新管理水平

建立有效的金融业务创新机制，明确创新动机，加强内生力。一是要建立完善金融业务创新的组织结构，要建立业务创新制度保障体系；二是明确创新部门的职责和业务部门的创新目标，以利于发挥每个员工的聪明才智；三是建立人力资源开发机制。无论是制度创新还是业务创新，都必须由人来实施。为此，要高度重视人力资源开发，加强对员工金融新业务、新知识的学习和培训，进一步提高员工的创新意识和实际创新能力。

加快资产业务的创新。在资产业务的创新方面，金融机构要注重资产多元化、资产证券化、贷款证券化，通过信贷资产证券化和证券结构的有效设计，将银行信贷资产转变为可在市场上出售和流动的证券，以解决金融机构资产流动不足、资本充足率低以及利率风险等问题。消费信贷、网上银行、租赁、个人理财业务等只是少量开办，仍处于探索阶段；投资银行、国际金融和衍生金融工具业务等方面，还处在待发展阶段，尚有广阔的发展前景。这些都是业务创新的发展方向。

加强创新产品的营销力度，实现产品销售的标准化、规范化和统一化。近年来，我国金融机构新推出的金融品种，信息并没有在客户中普及，这反映了营销工作没有跟上。所以，作为金融机构，要想使推出的金融品种占有市场及客户，就要主动向客户宣传各项创新品种的优点，使创新品种走进寻常百姓家。具体说，就是围绕营销做文章，以凸现金融品牌为手段，适应金融消费市场的演变，有效占领市场及客户。

对产品创新进一步细化，尽量消除当中存在的各种风险，能够有效控制不同风险因素间动态关联，有利于进一步消除风险，将风险控制在一个合理范围内；逐步形成创新风险文化，使人们认识到创新过程中一定存在风险，增强人们的风险意识，正确理解风险与收益的关系，有利于做好风险控制工作。

要加强金融行业产品创新工作的监管力度。要严格控制缺乏发展空间的金融产品的创新，更要严格管控投机性强的金融产品，对金融产品的创新要严格把控，认真研究。提高监管力度，需要不断引进专业性强的人才，要建立一个集金融、法律、管理为一体的监管机构，加强监管人员的素质建设，可以聘用专业性强又具有实践经验的人才加入到监管队伍中来，提高监管机构管理人员的整体素质，能够为银行金融产品制定出规范性强又科学合理的管理制度，保证金融产品有个良好的发展环境，规避风险，增加效益。

金融产品管理机制创新是将产品优势发挥到最大的主要途径，不但要根据产品建立详细的管理体系，也要根据政策法规制定规范的管理制度，并进行监督管理。在管理体系方面，要注意在新产品推出之前各部门就对产品的运行创新制定详细的计划和协调方案，在产品销售和管理过程中各部门要有大局意识，分工明确、协调互助。在管理制度方面，随着金融市场的变化随时进行制度的创新，制度编写要具体规范、便于执行，并根据新产品及时调整制度，保证产品运营的顺利进行，为银行管理和客户使用提供方便。

创新产品可以增加产品的种类提高银行在市场竞争中所占的地位。金融机构要想打开市场并在市场竞争中占主导地位，就要通过多种类的金融产品吸引客户。如果一个银行的金融产品无法满足客户的需求，又没有后续服务的跟进与产品的升级，会使客户对产品失去信任，导致客户的流失。在金融产品创新中，要了解当前的经济及市场的发展，要以经济利益和客户需求为基准点，研究创新出能够提高银行实力的金融产品，保证自身利益最大化。

立足于我国金融机构金融产品创新的现状，制定金融创新监管法律体系，并在发展的过程中逐渐地完善，法律体系的制定有利于实现对金融产品创新风险的管理，还能够实时追踪金融产品的交易，金融产品交易双方的权利和义务在体系上得到明确，有关法律方面的空白被填补。完善的金融创新监管法律体系能够很好地满足金融市场的发展需求。

建立并启动金融创新支持体系。现阶段，我国金融机构中金融产品的创新活动缺乏完整的金融创新支持体系，不利于我国金融产品的创新和发展，因此，金融创新支持体系需要尽早地建立，并需要在发展过程中逐渐的健全和完善。加强引导金融机构，及时的排除投机性强和风险性大的金融项目。提供给金融机构的金融产品创新的支持和保障，尽量的降低金融创新中的风险，也要尽可能的消除金融产品创新失败带来的负面效果，对金融市场的稳定发展具有极大的促进作用。

第 9 章 研究结论

9.1 研究结论

本书的结论有以下四点:

(1) 金融机构的创新是研发设计管理人员,经过环境分析与评估等六个阶段提供核心产品等三个层次的服务。

金融创新是金融机构的研发设计管理人员在高层管理者的支持与领导下,在市场研究的基础上基于用户需要的某些特征对金融产品做的创造性活动。金融机构的产品创新流程包括环境分析与评估、产品计划、产品设计与开发、市场试点与产品修改、市场实施、产品评价与优化等六个环节。从分析企业市场环境出发,确定企业战略、竞争战略,了解市场消费者需求特点,对企业自身产品进行准确定位,做好产品计划,从人员、财务、市场、时间、效果等做好规划,进而开展市场营销活动,在产品、价格、渠道、促销等方面不断扩大市场占有率及利润增长率,不断发现和解决市场上出现的各种问题。中间伴随着各个部门的参与和配合,任何环节出现问题都有可能会影响金融创新产品的质量,从而影响金融机构产品创新的效果。金融机构之间的竞争越来越多的在形式产品和附加服务上,同类产品核心产品之间差异变小。

(2) 社会经济状况、企业战略与产品定位及社会信用环境是影响金融创新产品质量的直接因素。

金融创新是经济发展过程中各种金融要素的重新组合。金融创新有广义和狭义之分,狭义的金融创新是指金融工具、金融业务的创新;广义的金融创新还包括金融机构、金融市场、金融技术等的创新。金融产品质量是顾客对产品质量的感知与顾客期望之间的差异,受到顾客特征、产品质量特征及产品质量环境三个方面的影响,而产品质量的结果涉及顾客满意、顾客重复购买意向以及其他口碑等效应。构建较为完善的金融创新产品质量影响因素体系，是分析金融创新产品质量的前提和基础。影响金融创新产品质量的因素很多、机制复杂，从多个层次分析影响因素及其关系，从而对提出有效的管理措施具有重要意义。基于综合性、逻辑性、层次性等原则，对影响金融创新产品的质量因素进行划分，顾客特征是影响产品质量的直接因素，产品质量特征即企业创新环境是产品质量的间接因素，产品质量环境即宏观环境是产品质量的宏观因素。借助决策试验与实验评估法构建直接影响矩阵，计算因素之间的影响被影响程度，由结果可知，在中心度方面，产品特征的中心度最高，其次为顾客特征、环境状况，表明金融创新产品本身的质量状况，即顾客对产品满足支付、投资、理财、安全等需要最为关注，环境状况最弱，顾客没有关注外部环境的动机。在原因度方面，环境状况、顾客特征为正，因果关系为原因因素，属于主动影响因素，而产品特征是负值，因果关系为结果因素，属于受影响者。金融机构为应对环境的变化，围绕顾客关注的产品特征，提供受顾客欢迎的金融创新产品。

(3) 从金融机构、监管部门和投资者三者角度出发，对三者博弈关系进行理论研究，并构建互联网理财产品质量监管三方博弈模型。

通过求解精炼贝叶斯纳什均衡，揭示在信息不对称情况下，金融机构、监管部门和投资者的相互影响关系。最终，结合博弈模型的结果为金融机构、监管部门和投资者提出建议，以提高我国互联网理财产品的质量。金融机构设计理财产品一方面能够获得更好的收益、扩大市场规模；另一方面金融机构设计的不良理财产品也会加大金融市场的风险。因此，监管部门为保证金融市场的稳定性和维护投资者的权益，会对金融机构进行监管，然而我国监管存在着有效性低、技术落后等现象，从而加大了监管的成本，导致监管不力现象时常发生。投资者对互联网理财产品进行投资会获取较多财富，但同时也承担一定的风险。因此，投资者需要平衡收益与风险之间的关系，并对互联网理财产品选择是否投资。通过对金融机构、监管部门和投资者关于提高互联网理财产品质量的三方博弈关系学习，要实现提高互联网理财产品质量的目标，需要正确平衡并处理三者之间的关系。确保金融机构对优秀互联网理财产品进行销售，投资者对优秀互联网理财产品投资，实现互联网健康稳定发展。

(4) 把反映产品使用目的的各种技术经济参数作为质量特性，主要分为个适性质量、内适性质量和外适性质量三个方面。

科学的指标体系应该满足综合性、层次性、逻辑性、可行性等特征。每一个统计指标从某一个方面反映了社会经济现象的某个特征。个适性质量是金融创新产品质量的核心质量。消费者个人对金融创新产品的需要主要表现在使用性、有形性和响应性三个方面。内适性质量是指产品的外部属性，包括产品的经济性、保证性和移情性等方面。外适性质量：产品满足其他利益相关者的特征，如政府监管、新闻媒体、中介组织如消费者协会等都会对产品质量有所期待。依据对金融创新产品质量的分析，研究建立了金融创新产品质量评价指标体系。指标体系的权重运用基于方差最大化的组合赋权法进行属性权重确定，其中客观权重采用粗糙集理论确定，主观权重采用层次分析法确定，数据表明，指标体系具有良好的信度与拟合度。

实证研究表明，从具体值看，金融质量水平较高的内容有：产品的流动性水平（可变现天数）、产品的增值性（年投资回报率）、产品其他服务特征（查询、支付、安全）、产品服务的设备数量与技术水平、产品的净资产收益率、产品的流动性风险等内容，说明消费更多的关注产品本身对自身的价值，如产品是否能够增值、产品的流动状况以及产品的安全性水平等。而金融质量水平较低的内容有：工作人员仪容仪表、工作人员是否真诚帮助顾客、产品的业务办理时间的限制性、产品的功能指引的明确性、产品的操作流程便捷、产品的产品样式与载体的人性化程度、产品服务工作人员了解顾客需求努力程度、产品的信息披露的及时性等，说明当市场水平发展不高的情况下，消费者对附加服务并没有太多的关注。

在具体质量水平方面，感知产品质量水平与期望产品质量水平之间差距较大的有：产品的增值性（年投资回报率）、产品的流动性水平（可变现天数）、产品的净资产收益率、产品的流动性风险、产品服务的设备数量与技术水平、产品的市场风险、产品的机会成本大小等内容，说明金融创新产品在满足消费者主要金融服务需求方面还有较大差距。感知产品质量水平与期望产品质量水平之间差距较小的有：产品的工作人员的服务过程可靠、产品的操作流程便捷、产品的交易错误率低、产品的功能指引明确、产品的产品样式与载体的人性化程度、产品服务工作人员了解顾客需求努力程度、工作人员真诚帮助顾客、工作人员仪容仪表等，说明在金融创新产品质量发展过程中，辅助服务或者附属产品质量发展已较为完善。

9.2 研究创新

本书的创新之处有以下三点：

1. 系统化分析了金融机构产品创新机制问题

机制问题是比较复杂的问题，往往难以弄清楚。一般包含要素、过程及结果三个方面的内容。在文献分析和实地调研的基础上，基于过程管理的角度，从创新主体、创新过程和创新结构三个维度，梳理了金融机构产品创新的机制。金融机构的研发设计管理人员是金融创新的主体，一般经过环境分析、产品计划、产品开发、试点与修改、市场实施及产品后评价这些阶段。创新的结果是与竞争对手存在核心产品、附加服务或形式产品上差异的服务。

2. 结构化分析了金融创新产品质量影响因素

通过搜集影响金融创新产品质量的影响因素，建立结构化模型，综合分析了影响金融创新产品的宏观及微观因素。有关影响因素的研究绝大多数是对因素的定性描述。基于综合性、逻辑性、层次性等原则，对影响金融创新产品的质量因素进行划分，顾客特征是影响产品质量的直接因素，产品质量特征即企业创新环境是产品质量的间接因素，产品质量环境即宏观环境是产品质量的宏观因素。借助决策试验与实验评估法构建直接影响矩阵，计算因素之间的影响被影响程度。由结果可知，金融创新产品本身的质量状况，即顾客对产品满足支付、投资、理财、安全等需要最为关注，环境状况最弱，顾客没有关注外部环境的动机。金融机构为应对环境的变化，围绕顾客关注的产品特征，提供受顾客欢迎的金融创新产品。

3. 科学化研究了金融创新产品质量评价体系

结合状态空间法构建金融创新产品质量的评价体系，即由个适性质量、内适性质量和外适性质量的函数，即金融创新产品质量利益相关方对个适性质量、内适性质量和外适性质量的感知质量与期望之间的差异水平。把反映产品使用目的的各种技术经济参数作为质量特性，主要分为个适性质量、内适性质量和外适性质量三个方面。个适性质量是金融创新产品质量的核心质量。内适性质量是指产品的外部属性，包括产品的经济性、保证性和移情性等方面。外适性质量即产品满足其他利益相关者的特征，如政府监管、新闻媒体、中介组织如消费者协会等都会对产品质量有所期待。建立了金融创新产品质量评价指标体系，运用基于方差最大化的组合赋权法进行属性权重的确定，数据表明，指标体系具有良好的信度与拟合度。应用博弈论分析完全信息和不完全信息下政府与金融机构的市场反应，得出金融监管部门可以参考的管理策略。

9.3 研究展望

金融创新是市场经济活动的重要表现形式，也是创新理论在金融实践中的重要体现。随着市场经济活动的增多和竞争的日益激烈，金融创新活动不断推陈出新，金融机构相互借鉴，表现出更多的参照性和复制性。

本书从金融创新产品的内涵及其表现出来的质量形式为研究出发点，对金融机构的产品创新机制进行了分析，对金融创新产品质量的影响因素进行了系统分析，对金融机构创新过程中的三方主体进行了博弈分析，最终落实在金融创新产品质量评价上，结合状态空间法从三个角度建立了金融创新产品质量评价体系，并验证了体系的科学性、有效性。

然而，限于水平，本书仍存在诸多不足之处，如金融创新产品的界定、金融创新产品质量的影响因素分析、金融创新产品质量评价指标的收集、金融创新产品质量提升策略的针对性等，未来研究应该从这些方面不断完善，最终将创新理论在实践中不断检验与完善，不断提升金融创新产品质量管理水平和消费者满意度。

附录

附录 1　调研提纲

您好：

我们正在做金融创新产品质量评价相关研究，想咨询您几个问题，对您的帮助表示感谢：

1. 相对传统金融产品，贵单位都有哪些金融创新产品？
2. 金融创新产品推出的过程是什么样的？
3. 金融创新产品的质量表现在哪些方面？
4. 金融创新产品的质量问题一般表现为什么？
5. 请从宏观、行业和微观因素分析一下影响产品质量的因素？
6. 为改善产品质量，你认为从各个角度如何把握管理策略？

附录2 调查问卷一

您好：

  我们正在做金融创新产品质量评价相关研究，想请您就以下几个问题做一下调查。问卷调查资料仅用于学术研究，相关信息严格保密，请放心填写。您的填写将有助于金融服务质量的改善。对您的帮助我们表示感谢！

  问卷填写过程中，有任何问题请与我们联系。

  问卷填写完毕后，请发送至 jdk240504@163.com，非常感谢您的支持与帮助！

  联系人：姜老师。

  非常感谢您在百忙之中抽出时间填写这份问卷。

《金融创新产品质量评价体系研究》课题组

  金融创新产品质量被定义为消费者感知到的产品属性与其期望属性之间的差异。

  请您对以下问题就其在产品质量中的重要性进行打分，其中：

1 表示非常不重要

2 表示比较不重要

3 表示一般重要

4 表示比较重要

5 表示非常重要

维度	指标	1非常不重要	2比较不重要	3一般	4比较重要	5非常重要
使用性	产品的流动性水平（可变现天数）					
	产品的增值性（年投资回报率）					
	其他服务特征（查询、支付、安全）					
有形性	设备数量与技术水平					
	营业环境安全舒适度					
	工作人员着装得体、干净整洁、态度礼貌					

续表

维度	指标	1 非常不重要	2 比较不重要	3 一般	4 比较重要	5 非常重要
响应性	工作人员及时、准确服务					
	工作人员总是愿意帮助顾客					
	网点满足顾客需要程度					
	工作窗口满足顾客需要程度					
	业务办理时间的无限制性					
	工作流程的简洁性					
经济性	净资产收益率					
	收费合理性、公开透明程度					
	机会成本大小					
保证性	工作人员的服务记录可查询					
	工作人员的服务过程可靠					
	工作人员知识、技能胜任度					
可靠性	及时完成对顾客的服务承诺					
	过程便于非专业人员操作					
	交易错误率低					
移情性	功能指引的正确性、明确性					
	操作流程的清晰性、便捷性					
	产品样式与载体的人性化程度					
	针对不同类型顾客提供个性化服务					
	工作人员了解顾客需求努力程度					
风险性	流动性风险					
	市场风险					
	信用风险					
保障性	法规保障度（纠纷解决机制）					
	私人信息的保密性					
	严格的监督管理					
	信息披露的及时性					

调查结束，非常感谢您对本次问卷调查的支持，祝您工作顺利！

附录3 调查问卷二

您好：

我们正在做金融创新产品质量评价相关研究，想请您就以下几个问题做一下调查。问卷调查资料仅用于学术研究，相关信息严格保密，请放心填写。您的填写将有助于金融服务质量的改善。对您的帮助我们表示感谢！

问卷填写过程中，有任何问题请与我们联系。

问卷填写完毕后，请发送至 jdk240504@163.com，非常感谢您的支持与帮助！

联系人：姜老师。

非常感谢您在百忙之中抽出时间填写这份问卷。

《金融创新产品质量评价体系研究》课题组

请对以下指标之间的关系重要程度进行打分，其中，数字1—5表示指标相对其他指标的重要程度。

A1

	个适性质量	内适性质量	外适性质量
个适性质量	1	2	3
内适性质量		1	3/2
外适性质量			1

B1

	使用性	有形性	响应性
使用性	1	4	3
有形性		1	3/4
响应性			1

B2

	经济性	保证性	可靠性	移情性
经济性	1	2	3	4
保证性		1	3/2	2
可靠性			1	4/3
移情性				1

B3

	风险性	保障性
风险性	1	2
保障性		1

C1

	产品的流动性水平	产品的增值性	其他服务特征
产品的流动性水平	1	1/2	2
产品的增值性		1	4
其他服务特征			1

C2

	设备数量与技术水平	营业环境安全舒适度	工作人员着装得体
设备数量与技术水平	1	2	4
营业环境安全舒适度		1	2
工作人员着装得体			1

C3

	工作人员及时、准确服务	工作人员总是愿意帮助顾客	网点满足顾客需要程度	工作窗口满足顾客需要程度	业务办理时间的无限制性	工作流程的简洁性
工作人员及时、准确服务	1	2	1/3	1/2	2	1
工作人员愿意帮助顾客		1	1/6	1/4	1	1/2
网点满足顾客需要程度			1	3/2	6	3
工作窗口满足顾客需要程度				1	4	2
业务办理时间的无限制性					1	1/2
工作流程的简洁性						1

C4

	净资产收益率	收费合理性、公开透明程度	机会成本大小
净资产收益率	1	2	2
收费合理性、公开透明程度		1	1
机会成本大小			1

C5

	工作人员的服务记录可查询	工作人员的服务过程可靠	工作人员知识、技能胜任度
工作人员的服务记录可查询	1	2	1/2
工作人员的服务过程可靠		1	1/4
工作人员知识、技能胜任度			1

C6

	及时完成对顾客的服务承诺	过程便于非专业人员操作	交易错误率低
及时完成对顾客的服务承诺	1	1/2	2
过程便于非专业人员操作		1	4
交易错误率低			1

C7

	功能指引的正确性、明确性	操作流程的清晰性、便捷性	产品样式与载体的人性化程度	针对不同类型顾客提供个性化服务	工作人员了解顾客需求努力程度
功能指引的正确性、明确性	1	1/2	1/3	1/4	2

续表

	功能指引的正确性、明确性	操作流程的清晰性、便捷性	产品样式与载体的人性化程度	针对不同类型顾客提供个性化服务	工作人员了解顾客需求努力程度
操作流程的清晰性、便捷性		1	2/3	1/2	4
产品样式与载体的人性化程度			1	3/4	6
对不同类型顾客提供个性化服务				1	8
工作人员了解顾客需求努力程度					1

C8

	流动性风险	市场风险	信用风险
流动性风险	1	2	3
市场风险		1	3/2
信用风险			1

C9

	法规保障度	私人信息的保密性	严格的监督管理	信息披露的及时性
法规保障度	1	1/2	1/3	2
私人信息的保密性		1	2/3	4
严格的监督管理			1	6
信息披露的及时性				1

调查结束，非常感谢您对本次问卷调查的支持，祝您工作顺利！

附录4 调查问卷三

您好：

我们正在做金融创新产品质量评价相关研究，想请您就以下几个问题做一下调查。问卷调查资料仅用于学术研究，相关信息严格保密，请放心填写。您的填写将有助于金融服务质量的改善。对您的帮助我们表示感谢！

问卷填写过程中，有任何问题请与我们联系。

问卷填写完毕后，请发送至 jdk240504@163.com，非常感谢您的支持与帮助！

联系人：姜老师。

非常感谢您在百忙之中抽出时间填写这份问卷。

《金融创新产品质量评价体系研究》课题组

1. 您的性别：(　　)
   A. 男　　　　B. 女
2. 您的年龄：(　　)
   A. 25 岁以下　B. 26—35　C. 36—45　D. 46—55　E. 56 以上
3. 您的工作年限：(　　)
   A. 1 年以下　B. 2—5 年　C. 6—10 年　D. 10 年以上
4. 您的受教育程度：(　　)
   A. 高中及以下　B. 专科　C. 大学本科　D. 研究生及以上
5. 您的岗位类型：(　　)
   A. 研发　　　B. 销售　　　C. 管理　　　D. 其他
6. 您是否曾经购买过金融机构的理财性产品或接受过相关服务？(　　)
   A. 是　　　　B. 否　　　　C. 不记得了

以下表格内容，请根据自己的使用感受进行打分。

指标维度	满意度、理想值　满意度（期望值）低←――――→满意度（期望值）高　1 —— 2 —— 3 —— 4 —— 5 —— 6 —— 7	
	现实值	理想值
产品的流动性水平（可变现天数）		
产品的增值性（年投资回报率）		
其他服务特征（查询、支付、安全）		

续表

指标维度	满意度、理想值 满意度（期望值）低 ←————→ 满意度（期望值）高 1 ——— 2 ——— 3 ——— 4 ——— 5 ——— 6 ——— 7	
	现实值	理想值
设备数量与技术水平		
营业环境安全舒适度		
工作人员着装得体、干净整洁、态度礼貌		
工作人员及时、准确服务		
工作人员总是愿意帮助顾客		
网点满足顾客需要程度		
工作窗口满足顾客需要程度		
业务办理时间的无限制性		
工作流程的简洁性		
净资产收益率		
收费合理性、公开透明程度		
机会成本大小		
工作人员的服务记录可查询		
工作人员的服务过程可靠		
工作人员知识、技能胜任度		
及时完成对顾客的服务承诺		
过程便于非专业人员操作		
交易错误率低		
功能指引的正确性、明确性		
操作流程的清晰性、便捷性		
产品样式与载体的人性化程度		
针对不同类型顾客提供个性化服务		
工作人员了解顾客需求努力程度		
流动性风险		
市场风险		
信用风险		
法规保障度（纠纷解决机制）		
私人信息的保密性		
严格的监督管理		
信息披露的及时性		

调查结束，非常感谢您对本次问卷调查的支持，祝您工作顺利！

参考文献

1. A Cordova, J Dolci, G Gianfrate. The Determinants of Crowdfunding Success: Evidence from Technology Projects [J]. Procedia-Social and Behavioral Sciences, 2015, 181 (11): 115-124.

2. A Dan. Toward a supply-side theory offinancial innovation [J]. Journal of Comparative Economics, 2013, 41 (2): 401-419.

3. A Ghezzi, M Dramitinos. Towards a Future Internet infrastructure: Analyzing the multidimensional impacts of assured quality Internet interconnection [J]. Telematics and Informatics, 2016, 33 (2): 613-630.

4. A Hausman, WJ Johnston. The role of innovation in driving the economy: Lessons from the global financial crisis [J]. Journal of Business Research, 2014, 67 (1): 2720-2726.

5. A Ley, S Weaven. Exploring agency dynamics of crowd-funding in start-up capital financing [J]. Academy of Entrepreneurship Journal, 2011, 17 (1): 85-110.

6. A Parasuraman, VA Zeithaml, A Malhotra. E-S-QUAL: A Multiple-Item Scale for Assessing Electronic Service Quality [J]. Journal of Service Research, 2005, 7 (3): 213-33.

7. A Schwienbacher. Croundfunding of Small Entrepreneurial Ventures [J]. SSRN Electronic Journal, 2010 (10): 1-23.

8. AA Ajratovich. Some Definitions of Risk-Engineering in the Market of Innovative Financial Products [J]. Procedia-Social and Behavioral Sciences, 2015 (188): 242-245.

9. AP Oghuma, CF Libaque-Saenz, SF Wong, et al. An expectation-confirmation model of continuance intention to use mobile instant messaging [J]. Telematics and Informatics, 2016, 33 (1): 34-47.

10. AR Stemler. The JOBS Act and crowdfunding: Harnessing the power—and

money—of the masses [J]. Business Horizons, 2013, 56 (3): 271-275.

11. B Xu, H Zheng, Y Xu, et al. Configurational paths to sponsor satisfaction in crowdfunding [J]. Journal of Business Research, 2016, 69 (2): 915-927.

12. BB Holloway, SE Beatty. Satisfiers and Dissatisfiers inthe Online Environment: A Critical Incident Assessment [J]. Journal of ServiceResearch, 2008, 10 (4): 347-364.

13. BJ Henderson, ND Pearson. The dark side of financial innovation: A case study of the pricing of a retail financial product [J]. Journal of Financial Economics, 2011, 100 (2): 227-247.

14. BL Bayus. Crowd sourcing New Product Ideas over Time: An Analysis of the Dell Idea Storm Community [J]. Management Science, 2011, 59 (1): 226-244.

15. C Calzolari, F Ungaro, N Filippi, et al. A methodological framework to assess the multiple contributions of soils to ecosystem services delivery at regional scale [J]. Geoderma, 2016, 261 (1): 190-203.

16. C Gentle. Work in progress? How the credit crunch has its roots in the lack of integrated governance and control systems [J]. The Journal of Risk Finance, 2008, 9 (2): 206-210.

17. C Ward, V Ramachandran. Crowd-funding the next hit: Microfunding online experience goods [J]. Computational Social Science, 2010 (1): 1-5.

18. CD Beugre, N Das. Limited Capital and New Venture Creation in Emerging Economies: a Model of Crowd-Capitalism [J]. SAM Advanced Management Journal, 2013, 3: 21-27.

19. Clemens, Bechter, Stefan. From wisdom of the crowd to crowdfunding [J]. Journal of Communication and Computer, 2011 (8): 951-957.

20. D Hughes, G Coulson, J Walkerdine. Free riding on gnutella revisited: the bell tolls? [J]. IEEE Distributed systems online, 2005, 6 (6): 1-18.

21. DP Chew, M Horsfall, AD Mcgavigan, et al. Condition-specific Streaming versus an Acuity-based Model of Cardiovascular Care: A Historically-controlled Quality Improvement Study Evaluating the Association with Early Clinical Events [J]. Heart, Lung and Circulation, 2016, 25 (1): 19-28.

22. E Baccarelli, D Amendola, N Cordeschi. Minimum-energy bandwidth management for QoS live migration of virtual machines [J]. Computer Networks, 2015, 93

(1): 1 – 22.

23. E Mendoza, E Boz. Financialinnovation, thediscoveryofrisk, and the U. S. Credit crisis [J]. Journal of Monetary Economics, 2014 (62): 1 – 22.

24. E Mollick. The dynamics of crowd-funding: An exploratory study [J]. Journal of Business Venturing, 2014, 29 (1): 1 – 16.

25. E Rachel, Wang, Yiwei, et al. Raising money for scientific research through crowdfunding [J]. Trends in Ecology & Evolution, 2013, 28 (2): 71 – 72.

26. E Vasileiadou, JCCM Huijben, RPJM Raven. Three is a crowd? Exploring the potential of crowdfunding for renewable energy in the Netherlands [J]. Journal of Cleaner Production, 2016 (128): 142 – 155.

27. ENRICO WIECK, ULRICH BRETSCHNEIDER, JAN MARCO LEIMEISTER. Funding from the crowd: an internet-based crowdfunding platform to support business set-ups from universities. International Journal of Cooperative Information Systems, 22 (03), 965 – 991. [J]. International Journal of Cooperative Information Systems, 2013, 22 (03): 965 – 991.

28. ER Mollick. The dynamics of crowd-funding: determinants of success and failure [J]. Journal of business venturing, 2013 (6): 1 – 18.

29. F Fecht, W Wagner. The marketability of bank assets, managerial rents and banking stability [J]. Journal of Financial Stability, 2009, 5 (3): 272 – 282.

30. F Sá, Álvaro Rocha, MP Cota. Potential dimensions for a local e-Government services quality model [J]. Telematics and Informatics, 2016, 33 (2): 270 – 276.

31. G Burtch, A Ghose, S Wattal. An empirical examination of the antecedents and consequences of investment patterns in crowd funded markets [J]. SSRN Electronic Journal, 2013, 24 (3): 499 – 519.

32. H Arabnejad, JG Barbosa, R Prodan. Low-time complexity budget-deadline constrained workflow scheduling on heterogeneous resources [J]. Future Generation Computer Systems, 2016, 55 (2): 29 – 40.

33. H Dichtl, W Drobetz. Portfolio insurance and prospect theory investors: Popularity and optimal design of capital protected financial products [J]. Journal of Banking & Finance, 2011, 35 (7): 1683 – 1697.

34. H Yum, B Lee, M Chae. From the wisdom of crowds to my own judgment in micro-finance through online peer-to-peer lending platforms [J]. Electronic Commerce

Research and Applications, 2012, 11 (5): 469-483.

35. H Zhang, F Wu, AS Cui. Balancing market exploration and market exploitation in product innovation: A contingency perspective [J]. International Journal of Research in Marketing, 2015, 32 (3): 297-308.

36. H Zheng, D Li, J Wu, et al. The role of multidimensional social capital in crowdfunding: A comparative study in China and US [J]. Information & Management, 2014, 51 (4): 488-496.

37. HC Wang, WP Chiu, SC Wu. QoS-driven selection of web service considering group preference [J]. Computer Networks, 2015, 93 (1): 111-124.

38. HM Choi, BH Ko, SY Sohn. Designing a business model for financial products for cultural heritage in the Korean market [J]. Journal of Cultural Heritage, 2010, 11 (3): 315-320.

39. IE Sorensen. Crowd-sourcing and outsourcing: the impact of online funding and distribution on the documentary film industry in the UK [J]. Media Culture & Society, 2012, 34 (6): 726-743.

40. J Hörisch. Crowdfunding for environmental ventures: an empirical analysis of the influence of environmental orientation on the success ofcrowdfunding initiatives [J]. Journal of Cleaner Production, 2015, 107 (16): 636-645.

41. J Meer. Effects of the price of charitable giving: Evidence from an-online crowd-funding platform [J]. Journal of Economic Behavior & Organization, 2013, 103 (C): 113-124.

42. J Nugée, AD Persaud. Redesigning regulation of pensions and other financial Products [J]. Oxford Review of Economic Policy, 2006, 22 (1): 66-77.

43. J Sisler. Crowd-funding for medical expenses [J]. Canadian Medical Association Journal, 2012, 184 (2): 123-124.

44. J Veldman, G Gaalman. A model of strategic product quality and process improvement incentives [J]. International Journal of Production Economics, 2014, 149 (1): 202-210.

45. J Wonglimpiyarat. The dynamics of financial innovation system [J]. Journal of High Technology Management Research, 2011, 22 (1): 36-46.

46. J Zhang, P Liu. Rational Herding in Micro-loan Markets [J]. Management Science, 2012, 58 (5): 892-912.

47. JC Guan, RCM Yam. Effects of government financial incentives on firms' innovation performance in China: Evidences from Beijing in the 1990s [J]. Research Policy, 2015, 44 (1): 273-282.

48. JJ Gutrich. Economic returns of groundwater management sustaining an ecosystem service of dust suppression by alkali meadow in Owens Valley, California [J]. Ecological Economics, 2016, 121 (1): 1-11.

49. JM Merigó, AM Gil-Lafuente. New decision-making techniques and their application in the selection of financial products [J]. Information Sciences, 2010, 180 (11): 2085-2094.

50. JP Jacobs, MJ Jr, C Mavroudis, et al. The Society of Thoracic Surgeons Adult Cardiac Surgery Database: 2016 Update on Outcomes and Quality [J]. The Annals of Thoracic Surgery, 2016, 101 (1): 24-32.

51. KFDC Rodrigues, V Nappi, H Rozenfeld. A proposal to support the value proposition in Product Oriented Service business model of Product Service Systems [C]. Product Services Systems and Value Creation. Proceedings of the 6th CIRP Conference on Industrial Product-Service Systems, 2014, 16 (16): 211-216.

52. L Chen, Z Zhou. Are There Some Manipulations of SHIBOR: A Hypothesis Testing Based on Financial Products Linked to SHIBOR [J]. Information Technology and Quantitative Management, 2013, (17): 939-944.

53. L Norden, CS Buston, W Wagner. Financial innovation and bank behavior: Evidence from credit markets [J]. Journal of Economic Dynamics & Control, 2014, (43): 130-145.

54. L Qian. The trickle-down effect of servant leadership on frontline employee service behaviors and performance: A multilevel study of Chinese hotels [J]. Tourism Management, 2016 (52): 341-368.

55. LJ Su. The effects of perceived service quality on repurchase intentions and subjective well-being of Chinese tourists: The mediating role of relationship quality [J]. Tourism Management, 2016 (52): 82-95.

56. Loreta Valančienė, Sima Jegelevičiūtė. Crowdfunding for Creating Value: Stakeholder Approach [J]. Procedia-Social and Behavioral Sciences, 2014, 156 (11): 599-604.

57. LY Fu, K Zook, Z Spoehr-Labutta, et al. Search Engine Ranking, Quality,

and Content of Web Pages That Are Critical Versus Noncritical of Human Papillomavirus Vaccine [J]. Journal of Adolescent Health, 2016, 58 (1): 33 – 39.

58. M Blut, N Chowdhry, V Mittal, et al. E-Service Quality: A Meta-Analytic Review [J]. Journal of Retailing, 2015, 91 (4): 679 – 700.

59. M Cremene, M Suciu, D Pallez, et al. Comparative analysis of multi-objective evolutionary algorithms for QoS-aware web service composition [J]. Applied Soft Computing, 2016, 39 (2): 124 – 139.

60. M Hasanzadeh Mofrad, O Jalilian, A Rezvanian, et al. Service level agreement based adaptive Grid superscheduling [J]. Future Generation Computer Systems, 2016, 55 (2): 62 – 73.

61. M Li, X Zhao. Impact of leveraged ETF trading on the market quality of component stocks [J]. North American Journal of Economics and Finance, 2014, 28 (3): 90 – 108.

62. M Lin, NR Prabhala, S Viswanathan. Judging Borrowers by the Company They Keep: Friendship Networks and Information Asymmetry in Online Peer-to-Peer Lending [J]. Management Science, 2013, 59 (1): 17 – 35.

63. M Sahm, P Belleflamme, T Lambert, et al. Corrigendum to "Crowdfunding: Tapping the right crowd" [J]. Journal of Business Venturing, 2014, 29 (5): 610 – 611.

64. M Ueda. Banks versus venture capital: Project evaluation, screening, and expropriation [J]. The Journal of Finance, 2004, 59 (2): 601 – 621.

65. M Xia, Y Huang, W Duan, et al. Research Note —To Continue Sharing or Not to Continue Sharing? An Empirical Analysis of User Decision in Peer-to-Peer Sharing Networks [J]. Social Science Electronic Publishing, 2012, 23 (1): 247 – 259.

66. MD Naylor, KB Hirschman, AL Hanlon, et al. Hanlon. Factors Associated With Changes in Perceived Quality of Life Among Elderly Recipients of Long-Term Services and Supports [J]. Journal of the American Medical Directors Association, 2016, 17 (1): 44 – 52.

67. MT Gustafson, IT Ivanov, J Ritter. Financial condition and product market cooperation [J]. Journal of Corporate Finance, 2015 (31): 1 – 16.

68. N Dragojlovic, LD Lynd. Crowdfunding drug development: the state of play in oncology and rare diseases [J]. Drug Discovery Today, 2014, 19 (11):

1775 - 1780.

69. N Firth. Crowdfunding successes show value ofsmall donations [J]. New Scientist, 2012, 213 (2858): 22 - 22.

70. N Ibrahim, Verliyantina. The Model of Crowdfunding to Support Small and Micro Businesses in Indonesia Through a Web-based platform [J]. Procedia Economics and Finance, 2012, 4 (3): 390 - 397.

71. N Siva. Crowdfunding for medical research picks up pace [J]. The Lancet, 2014, 384 (9948): 1085 - 1086.

72. N Towers, K Xu. The influence of guanxion physical distribution service quality availability in e-commerce sourcing fashion garments from China [J]. Journal of Retailing and Consumer Services, 2016, 28 (1): 126 - 136.

73. O Isakov, D Lev, L Blumkin, et al. Crowdfunding Effort Identifies the Causative Mutation in a Patient with Nystagmus, Microcephaly, Dystonia and Hypomyelination [J]. Journal of Genetics and Genomics, 2015, 42 (2): 79 - 81.

74. P Belleflamme, N Omrani, M Peitz. The economics of crowdfunding platforms [J]. Information Economics and Policy, 2015, 33 (11): 11 - 28.

75. P Belleflamme, T Lambert, A Schwienbacher. Crowd-funding: Tapping the Right Crowd [J]. Journal of Business Venturing, 2014, 29 (5): 585 - 609.

76. PF Hsu, HJR Yen, JC Chung. Assessing ERP post-implementation success at the individual level: Revisiting the role of service quality [J]. Information & Management, 2015, 52 (8): 925 - 942.

77. PH Hsu, C Wang, C Wu. Banking systems, innovations, intellectual property protections, and financialmarkets: Evidence from China [J]. Journal of Business Research, 2013, 66 (12): 2390 - 2396.

78. PH Hsu, X Tian, Y Xu. Financial development and innovation: Cross-country evidence [J]. Journal of Financial Economics, 2014, 112 (1): 116 - 135.

79. PS Raju, SC Lonial. The impact of service quality and marketing on financial performance in the hospital industry: an empirical examination [J]. Journal of Retailing and Consumer Services, 2002, 9 (6): 335 - 348.

80. R Gleasure. Resistance to crowdfunding among entrepreneurs: An impression management perspective [J]. The Journal of Strategic Information Systems, 2015, 24 (4): 219 - 233.

81. R Levine. Financial Development and Economic Growth: Views and Agenda [J]. Journal of Economic Literature, 1999, 35 (2): 688 – 726.

82. RC Merton. Financial Innovation and Economic Performance [J]. Journal of Applied Corporate Finance, 1992, 4 (4): 12 – 22.

83. RH Pierzycki, AJ Mcnamara, DJ Hoare, et al. Whole scalp resting state EEG of oscillatory brain activity shows no parametric relationship with psychoacoustic and psychosocial assessment of tinnitus: A repeated measures study [J]. Hearing Research, 2016, 331 (1): 101 – 108.

84. S Basco. Financial development and the product cycle [J]. Journal of Economic Behavior & Organization, 2013 (94): 295 – 313.

85. S Cebi. A quality evaluation model for the design quality of online shopping websites [J]. Electronic Commerce Research and Applications, 2013, 12 (2): 124 – 135.

86. S Jomnonkwao, V Ratanavaraha. Measurement modelling of the perceived service quality of a sightseeing bus service: An application of hierarchical confirmatory factor analysis [J]. Transport Policy, 2016, 45 (1): 240 – 252.

87. S Li, H Ge, YC Liang, et al. Estimator Goore Game based quality of service control with incomplete information for wireless sensor networks [J]. Signal Processing, 2016, 126 (27): 77 – 86.

88. S Meek, M Jackson, DG Leibovici. A BPMN solution for chaining OGC services to quality assure location-based crowdsourced data [J]. Computers & Geosciences, 2016, 87 (2): 76 – 83.

89. S Wagner, A Goeb, L Heinemann, et al. Operationalised product quality models and assessment: The Quamoco approach [J]. Information and Software Technology, 2015, 62 (7): 101 – 123.

90. SA Andrzejewski, EC Mooney. Service with a smile: Does the type of smile matter? [J]. Journal of Retailing and Consumer Services, 2016, 29 (3): 135 – 141.

91. SC Parker. Crowdfunding, cascades and informed investors [J]. Economics Letters, 2014, 125 (3): 432 – 435.

92. SC Valverde, FR Fernández. The determinants of bank margins in European banking [J]. Journal of Banking & Finance, 2007 (31): 2043 – 2063.

93. SR Cohn. The New Crowd-funding Registration Exemption: Good Idea, Bad

Execution [J]. Fla L Rev, 2012, 64 (5): 1433-1446.

94. SS Turan. Financial Innovation-Crowdfunding: Friend or Foe? [J]. Procedia-Social and Behavioral Sciences, 2015, 195 (7): 353-362.

95. T Hayakawa. Overview: Core technical elements for early product development, evaluation, and control of human cell-based products [J]. Biologicals, 2015, 43 (5): 410-415.

96. T Kim, B Koo, M Park. Role of financial regulation and innovation in the financial crisis [J]. Journal of Financial Stability, 2013, 9 (4): 662-672.

97. T Lupo. A fuzzy framework to evaluate service quality in the healthcare industry: An empirical case of public hospital service evaluation in Sicily [J]. Applied Soft Computing, In Press, 2016 (40): 468-478.

98. TJ Vogus, LE Mcclelland. When the customer is the patient: Lessons from healthcare research on patient satisfaction and service quality ratings [J]. Human Resource Management Review, 2016, 26 (1): 37-49.

99. TN Quach, P Thaichon, C Jebarajakirthy. Internet service providers' service quality and its effect on customer loyalty of different usage patterns [J]. Journal of Retailing and Consumer Services, 2016, 29 (3): 104-113.

100. TT Tyebjee, AV Bruno. A model of venture capitalist investment activity [J]. Management science, 1984, 30 (9): 1051-1066.

101. V Chiş, I Albulescu, R Pop. Understanding Pre-service Trainees' Perceptions of their Teacher Training Experience [J]. Procedia-Social and Behavioral Sciences, 2015, 209 (3): 378-382.

102. V Ratanavaraha, S Jomnonkwao, B Khampirat, et al. The complex relationship between school policy, service quality, satisfaction, and loyalty for educational tour bus services: A multilevel modeling approach [J]. Transport Policy, 2016, 45 (1): 116-126.

103. VH Fried, RD Hisrich. Toward a model of venture capital investment decision making [J]. Financial management, 1994, 23 (3): 28-37.

104. W Wagner. The homogenization of the financial system and financial crises [J]. Journal of Financial Intermediation, 2008, 17 (3): 330-356.

105. WS Frame, LJ White. Empirical studies of financial innovation: lots of talk, little action? [J]. Journal of Economic Literature, 2004, 4 (1): 116-144.

106. Z Wang, X Tang. Research of investment evaluation of agricultural venture capital project on real options approach [J]. Agriculture and Agricultural Science Procedia, 2010 (1): 449 – 455.

107. 蔡伟. 我国证券（期货）交易所的民事责任豁免探讨——基于金融创新的视角 [J]. 证券市场导报, 2011 (8): 57 – 62.

108. 曾薇, 陈收. 金融监管对金融产品创新影响研究新进展 [J]. 经济学动态, 2009 (10): 97 – 100.

109. 常玉, 刘显东, 杨莉. 应用解释结构模型（ISM）分析高新技术企业技术创新能力 [J]. 科研管理, 2003, 24 (2): 41 – 48.

110. 郭赛君. 我国商业银行金融产品创新策略探讨 [J]. 海南金融, 2011 (4): 77 – 79.

111. 郭享. 基于风险要素的风险投资评价指标体系研究 [D]. 上海: 复旦大学硕士学位论文, 2009.

112. 胡滨. 区域金融生态环境评价方法与实证研究 [J]. 经济管理, 2009 (6): 16 – 22.

113. 胡明东, 宗怿斌. 银行理财产品创新对货币政策的影响 [J]. 武汉金融, 2009 (4): 39 – 40, 48.

114. 胡左浩, 蒋方明, 余伟萍. 在个人理财服务中影响服务质量的因素以及作用分析 [J]. 清华大学学报（哲学社会科学版）, 2004, 19 (3): 70 – 76.

115. 黄玮强, 庄新田, 姚爽. 基于持续期模型的网络金融创新产品扩散研究 [J]. 东北大学学报（自然科学版）, 2008 (8): 1200 – 1203.

116. 焦瑾璞, 黄亭亭, 汪天都. 中国普惠金融发展进程及实证研究 [J]. 上海金融, 2015 (4): 12 – 22.

117. 金海平. 结构型理财产品质量评价与监管研究 [D]. 天津: 天津大学硕士学位论文, 2010.

118. 李扬, 全先银. 危机背景下的全球金融监管改革: 分析评价及对中国的启示 [J]. 中国金融, 2009 (17): 14 – 16.

119. 廉桂萍, 李妍. 美国次贷危机中的金融创新产品及其启示 [J]. 内蒙古大学学报（哲学社会科学版）, 2009 (5): 43 – 47.

120. 刘京华, 郭艳云. 第三方支付平台的金融创新及其发展 [J]. 经济论坛, 2014 (2): 59 – 64.

121. 刘长玉, 于涛. 绿色产品质量监管的三方博弈关系研究 [J]. 中国人口资源与环境, 2015, 25 (10): 170 – 176.

122. 刘长玉. 政府、第三方检测机构和企业质量监管中博弈关系研究 [J]. 东岳论丛, 2015 (10): 128 – 132.

123. 明邦祥, 滕毅, 张子臻. 基于层次分析法的金融网点综合服务质量评价方法 [J]. 计算机与现代化, 2015 (9): 105 – 112.

124. 聂进, 郭章根. 网络金融信息服务质量评价研究——以垂直财经网站为例 [J]. 图书情报知识, 2014 (6): 91 – 100.

125. 欧阳晓. 金融产品研发的质量体系建设 [J]. 上海金融, 2010 (12): 104 – 107.

126. 秦建文, 梁珍. 汲取美国金融危机的教训稳健推进中国金融创新 [J]. 国际金融研究, 2009 (7): 43 – 50.

127. 尚福林. 中国银行业的改革发展方向 [J]. 中国金融, 2012 (3): 9 – 11.

128. 孙莹, 鲍新中. 一种基于方差最大化的组合赋权评价方法及其应用 [J]. 中国管理科学, 2011, 19 (6): 141 – 148.

129. 陶娅娜. 互联网金融发展研究 [J]. 金融发展评论, 2013 (11): 58 – 73.

130. 田原, 陈炜. 金融创新系统结构模型及实证研究 [J]. 技术经济与管理研究, 2015 (4): 82 – 88.

131. 王国红, 刘颖, 唐丽艳. 基于区域承载力的产业集群影响因素分析 [J]. 科学学与科学技术管理, 2008 (11): 66 – 70.

132. 王宛秋, 张永安. 基于解释结构模型的企业技术并购协同效应影响因素分析 [J]. 科学学与科学技术管理, 2009 (4): 104 – 109, 193.

133. 王亚琳, 于涛, 姜道奎. 互联网理财产品质量监管三方博弈分析 [J]. 金融理论与实践, 2016 (7): 62 – 67.

134. 谢磊, 李玲慧. 金融创新的动因分析及对我国金融创新的启示 [J]. 浙江金融, 2008 (12): 28 – 29.

135. 谢平, 邹传伟. 互联网金融模式研究 [J]. 金融研究, 2012 (12): 11 – 22.

136. 徐泽水. 多属性决策的两种方差最大化方法 [J]. 管理工程学报, 2001, 15 (2): 179 – 189.

137. 许多奇. 信息监管: 我国信贷资产证券化监管之最优选择 [J]. 法学

家，2011（1）：47-58.

138. 薛继增. 金融产品创新对银行信贷运行的影响 [J]. 上海金融，2010（6）：89-92.

139. 姚良. 次贷危机下我国商业银行金融产品创新风险防范 [J]. 上海经济研究，2009（10）：26-31.

140. 叶莉，张林，陈立文. 金融改革实验区金融创新与监管动态响应机制研究——基于美国金融创新产品的衍生逻辑视角 [J]. 财经科学，2012（8）：20-29.

141. 于涛，刘长玉. 政府与第三方在产品质量监管中的演化博弈分析及仿真研究 [J]. 中国管理科学，2016，24（6）：99-104.

142. 于涛，刘长玉. 政府与生产企业间产品质量问题博弈分析 [J]. 山东大学学报（哲学社会科学版），2014（2）：63-69.

143. 于涛，尹辉. 金融机构产品创新机制与流程 [J]. 东岳论丛，2015（11）：92-96.

144. 余海斌，王慧琴. 金融创新产品风险监管理论演进脉络与创新 [J]. 经济纵横，2011（5）：78-81.

145. 扎克瑞·J. 古柏勒. 产品、机构及现代金融创新过程 [J]. 金融市场研究，2013（14）：74-87.

146. 张蓉，林妍梅. 环境金融发展与金融创新的关联性研究 [J]. 生态经济，2010（9）：54-58.

147. 章慕凡. 加快金融产品创新步伐促进金融创新健康发展 [J]. 山西财经大学学报，2014（S1）：44-44.

148. 周颖，沙磊. 中小企业集合债券的关键特征对其融资效率影响的实证研究——对优化和推动中小企业集合债券产品的启示 [J]. 管理工程学报，2013，27（1）：185-190.

149. 周游，高翠翠. 金融创新、科技进步与美国次贷危机 [J]. 经济理论与经济管理，2009（4）：31-35.

150. 朱玛. 中资银行金融创新的知识产权保护机制 [J]. 科技管理研究，2011（1）：164-167.

151. 庄新田，黄玮强. 基于消费者网络的金融创新扩散研究 [J]. 管理科学学报，2009（3）：132-141.

译名对照表

A

Albulescu	阿尔布列斯库
Amendola	阿曼多拉
Andrzejewski	安杰耶夫斯基

B

Baccarelli	巴卡雷利
Barbosa	巴博萨
Basco	贝希特
Bayus	贝叶斯
Beatty	贝蒂
Bechter	贝希特
Belleflamme	贝拉弗雷姆
Beugre	贝乌戈里
Blumkin	布朗金
Blut	布卢特
Boz	博兹
Bretschneider	布雷特施奈德
Bruno	布鲁诺
Burtch	贝奇
Buston	巴斯顿

C

Calzolari	卡尔佐拉里
Cebi	杰比
Chae	蔡
Chew	丘
Chiş	基什
Choi	崔
Chowdhry	乔杜里
Clemens	克莱门斯
Cohn	科恩
Cordeschi	科尔代斯基
Cordova	科多瓦
Coulson	库尔森
Cremene	克雷梅内

D

Dan	丹
Das	达斯
Dolci	多尔奇
Dragojlovic	拉格伊洛维奇

F

Fecht	费西特
Fernández	费尔南德斯
Filippi	菲利皮
Firth	弗斯
Frame	弗雷姆

Fried	弗里德	Jacobs	雅可布
		Jalilian	扎里连
		Johnston	约翰斯顿
G		Jomnonkwao	吉姆科瓦
Gentle	金特尔		
Ghezzi	盖齐	**K**	
Ghose	高斯	Kim	金
Gianfrate	甄福瑞特	Ko	柯
Gleasure	格莱瑞	Koo	顾
Goeb	戈布		
Guan	关	**L**	
Gustafson	古斯塔夫森	Lafuente	兰福德
Gutrich	顾迟	Lambert	兰伯特
		Lee	李
H		Leibovici	莱博维奇
Hanlon	哈隆	Leimeister	雷蒙斯特
Hausman	豪斯曼	Lev	列夫
Hayakawa	早川	Levine	赖文
Heinemann	海涅曼	Ley	莱伊
Henderson	亨德森	Libaque-Saenz	雷贝克-萨
Hirschman	赫希曼	Lin	林
Hisrich	海斯里奇	Lonial	罗涅尔
Hoare	霍尔	Loreta	拉夫
Holloway	霍洛威	Lupo	卢珀
Horsfall	霍斯福尔	Lynd	林德
Hughes	休斯		
Huijben	慧斌	**M**	
		Malhotra	马尔霍特拉
I		Mavroudis	马洛蒂斯
Ibrahim	易卜拉欣	Mcclelland	麦克利兰
Isakov	伊萨科夫	Mcgavigan	麦克韦甘
Ivanov	伊万诺夫	Mcnamara	麦克纳马拉
Jackson	杰克逊		

Meek	米克	Rozenfeld	罗森菲尔德
Meer	米尔		
Mendoza	门多萨	**S**	
Merton	默顿	Sahm	萨姆
Mittal	米塔尔	Sima	司马
Mofrad	蒙福雷	Sisler	西斯勒
Mollick	孟雷科	Siva	西瓦兹
Mooney	穆尼	Sohn	索恩
		Sorensen	索伦森
N		Spoehr	斯波尔
Nappi	纳皮	Stefan	斯蒂芬
Naylor	内勒	Stemler	施特穆勒
Norden	诺顿	Suciu	苏丘
Nugée	纽吉		
		T	
P		Thaichon	泰充
		Towers	托尔斯
Parasuraman	帕拉苏拉曼	Turan	图兰
Parker	帕克	Tyebjee	泰吉
Pearson	皮尔森		
Peitz	佩茨	**U**	
Persaud	佩尔绍德	Ueda	尤达
Pop	波普	Ungaro	有甘洛
Prabhala	帕拉哈拉		
Prodan	普罗丹	**V**	
		Valverde	巴尔韦德
R		Veldman	魏德曼
Rachel	雷切尔	Verliyantina	威立雅提纳
Raju	拉朱	Viswanathan	维斯瓦纳坦
Ramachandran	拉马钱德兰	Vogus	翁格斯
Raven	雷文		
Ritter	里特	**W**	
Rodrigues	罗德里格斯	Wagner	瓦格纳

Walkerdine	沃克丁	Yum	夕美
Ward	沃德		
Wattal	沃图	**Z**	
Weaven	魏文	Zeithaml	蔡特哈姆尔
White	怀特	Zook	祖克
Wieck	威克		
Wong	汪		

Y

Yam	海

后　　记

在区域经济竞争日益激烈和产业结构优化升级的当今，金融产业对于促进产业融资和企业改革创新具有现实意义。产业经济与金融产业优化与区域发展管理协同创新中心紧紧抓住时代前沿热点问题，设立了一系列科研课题，邀请国内外该领域众多学者讨论，取得了一系列高水平的研究成果。本书是产业经济与金融产业优化与区域发展管理协同创新中心 29 个子课题之一。本书的设计、研究等一系列工作都是在于涛教授的主持下进行的。

课题组研究人员主要有姜道奎、王亚琳、朱立龙、刘长玉、付奕林等。课题在调研了一系列金融机构管理人员的基础上，对金融创新产品及其质量有一定的把握，通过筛选指标、建立指标体系，通过主观赋值法、客观赋值法等，建立了金融创新产品质量评价指标体系。指标体系经过信度检验后对山东省金融创新产品进行了实证分析，发现了产品质量管理中的问题，最终提出了相关质量监管措施，供政府部门和金融机构参考。

感谢给予访谈、调研协助的王冉冉女士、鲁信创业投资集团股份有限公司尹辉先生、中国银行业监督管理委员会山东监管局于晓冉女士、美尔雅期货有限公司胡立超先生、中国太平人寿保险有限公司傅镪女士等。参与答卷的金融机构工作人员与众多金融创新产品消费者及从业者，包括农业银行、建设银行、交通银行、中国银行、齐鲁银行、民生银行、浦发银行、中信银行、渣打银行、华夏银行、中国太平、美尔雅期货等金融机构有关人员，没有你们的参与本研究无法顺利开展，在此表示感谢。

作　者

2017 年 1 月济南